I0532037

Mitt Liv
Min Tro I

"Jag älskar dem som älskar mig,
och de som söker mig,
de finner mig."
(Ordspråksboken 8:17)

Mitt Liv Min Tro I

Dr. Jaerock Lee

URIM
BOOKS

MITT LIV MIN TRO: del 1 av Dr. Jaerock Lee
Utgiven av Urim Books (Representant: Seongnam Vin)
73, Yeouidaebang-ro 22-gil, Dongjak-gu, Seoul, Korea
www.urimbooks.com

Eftertryck förbjudes. Ingen del av boken eller boken i sin helhet får reproduceras
i någon form, genom lagring i elektroniska medier eller överföring på något sätt
eller genom något annat tillvägagångssätt, elektroniskt, mekaniskt, kopiering, samt
bandinspelning eller liknande, utan tidigare inhämtat tillstånd från utgivaren.

Om inget annat anges är alla bibelcitat hämtade från Den Heliga Skriften, Svenska
Folkbibeln.

Copyright 2011 av Dr. Jaerock Lee
ISBN 978-89-7557-465-8, ISBN 978-89-7557-464-1
Översättning till engelska, Copyright © 2010 av Dr. Esther K. Chung. Användes
med tillstånd.

Tidigare utgiven år 2006 på koreanska av The Christian Press, Seoul, Korea

Första upplagan augusti 2011

Redigerad av Eunmi Lee
Översatt av Merete Adegunle
Design av Editorial Bureau of Urim Books
För mer information, kontakta:
urimbook@hotmail.com

Djup andlig väldoft

Det sägs att man kan hitta den mest dyrbara parfymen från rosorna på Balkanbergen. Men den kommer inte från vilken ros på bergen som helst. För att få den bästa parfymen med den högsta kvaliteten, måste man extrahera essensen från rosen som plockats klockan två på natten, vilket är den kallaste och mörkaste tiden på dygnet.

Dr. Jaerock Lees självbiografi *"Mitt Liv Min Tro"* förser sina läsare med den mest dyrbara andliga väldoften. Det beror på att hans liv är extraherat från Guds kärlek genom att han ha fått gå igenom mörka vågor, kalla ok och den djupaste hopplösheten.

Varför kunde Dr. Lee inte få njuta av ett underbart liv med ljusa drömmar, som många andra unga människor? Det fanns en tid i hans liv då han tänkte kämpa hårt för att en dag ta examen från ett bra universitet, studera utomlands och bli en stor man som uppnått något. Men i motsats till hans dröm fick hans liv en helt annan vändning, neråt i hopplöshetens dal. Hans kropp täcktes med sår från sjukdomar och istället för att nå berömmelse blev han ignorerad och möttes av förakt från sina närmaste. Han fick upp ögonen för hur djup och fullständigt meningslös den här världens kärlek är. Han förstod betydelsen av fattigdom och hur hjärtskärande det är att vara kraftlös som familjens överhuvud. Han gjorde till och med två självmordsförsök.

Medan han var i hopplöshetens dal, där han inte ens kunde andas, mötte han Gud. Innan dess hade han kämpat ensam i sitt uttröttande liv. Men Gud den Allsmäktige som är full av kärlek kom till honom, mötte honom och började vandra med honom. Gud befriade honom från misströstan och fyllde honom med hopp om det himmelska riket. "Hur kan jag någonsin betala tillbaka denna förundransvärda nåd från Gud?" blev allt i Dr. Lees liv. Han lydde när Gud befallde "Gör". Han gjorde ingenting som Gud förbjöd. Han gick när Gud sa "Gå". Han blev fångad av Guds stora och enorma kärlek och hans definitiva mål i livet blev att behaga Gud Fadern.

Bekännelsen om den djupa kärleken som aposteln Paulus hade är också Rev. Dr. Lees bekännelse *"Vem kan skilja oss från Kristi kärlek? Nöd eller ångest, förföljelse eller hunger, nakenhet, fara eller svärd? Det står ju skrivet: För din skull dödas vi hela dagen, vi räknas som slaktfår. Men i allt detta vinner vi en överväldigande seger genom honom som har älskat oss. Ty jag är viss om att varken död eller liv, varken änglar eller furstar, varken något som nu är eller något som skall komma, varken makter, höjd eller djup eller något annat skapat skall kunna skilja oss från Guds kärlek i Kristus Jesus, vår Herre"*

(Romarbrevet 8:35-39).

I Ordspråksboken 8:17 står det, *"Jag älskar dem som älskar mig, och de som söker mig, de finner mig"*. Om något var Guds vilja, svarade Dr. Lee endast "Ja" och "Amen" av hela sitt hjärta i alla slags situationer. Gud klädde honom med sin kraft och satte honom över världen. Hans församling Manmin (Hela Skapelsen) Joong-ang (Central) Kyrkan ber för alla människor i alla nationer, precis som namnet "Manmin" betyder. Den utför de Gudagivna visionerna en efter en och har blivit en central plats där den Helige Andes starka verk sker.

Eftersom Rev. Dr. Lee själv har lidit och gått igenom många sjukdomar, förstår han den smärta som de sjuka går igenom. Eftersom han själv var föraktad och hånad, förstår han vad de går igenom som har brustna hjärtan. Eftersom han har upplevt extrem fattigdom, förstår han hjärtat hos dem som lider under tunga fattigdomsok. Det är därför som tusentals av hans församlingsmedlemmar samlas runt honom för att se honom ansikte mot ansikte.

Rev. Dr. Lees liv är en av de mest dramatiska fall där man ser hur en persons liv kan förändras så totalt från den punkt då man fått lära känna Gud mot hur det var före det. Hans liv visar oss hur ett liv i fullständig lydnad till Gud och fullständig överlåtelse kan bära så mycket frukt både andligt och materiellt.

Hans liv och vandel talar på ett starkt sätt om för oss att hemligheten bakom alla välsignelser är att helga och rena sig likt en kristall, precis som Gud Fadern är helig, ibland som ett rytande lejon, och andra gånger som de mjuka och ömma modershänderna.

Precis som Dr. Lees liv utsöndrar en djup väldoft, hoppas jag att de som läser denna bok också kan producera en väldoft djupare än parfymen från rosorna på Balkanbergen.

10 December, 2006
Dr. Esther K. Chung

F.d President på kvinnouniversitetet Seoul Women's University, Seoul, Korea
President vid det internationella seminariet
Manmin International Seminary, Seoul, Korea
Hedersprofessor vid universitetet Universidad Nacional de
San Antonio Abad del Cusco, Peru

Starka prövningar och kraft

"Mitt Liv Min Tro" ger tydliga svar på frågan, "Hur borde vi leva ett kristet liv?". Därför är det en bok för alla som har accepterat Jesus Kristus och som tror på Hans blod från korset.

Ärligt talat, är Dr. Jaerock Lee, huvudpastor i Manmin Central Church en person som jag inte har känt väldigt väl. En dag gav en av mina kollegor mig en hans bok *"Mitt Liv Min Tro"* och när jag läste boken kunde jag inte hålla tårarna tillbaka. Jag öppnade denna bok en natt då jag inte kunde somna och den fångade mig totalt.

Tårarna rann nedför mina kinder när jag läste om hans lidanden i alla slags sjukdomar, fattigdom, och familjeproblem, sådant som skulle kunna jämföras med Jobs lidanden. Det var också en slags unik, koreansk känsla av sorg. Hans sjukdomar var så allvarliga att han till och med använde metoder som att dricka vätskor från mänskligt avfall, och han gjorde två självmordsförsök. Jag har också gått igenom många lidanden i livet, men detta var så överväldigande smärtsamt att jag inte kunde hålla tårarna tillbaka.

De flesta koreaner gick igenom många lidanden under vårarna på 1950 och 60-talet, då höstarnas risskörd inte räckte

Recension • ix

till nästa skördetid. Men även idag finns det människor som inte har råd att ha värme på vintern eller att äta tre mål mat om dagen. Det finns också många som är sjuka, men som inte har råd med sjukhusbehandling. Det finns dem som lider i tillfälliga inkvarteringar efter att ha drabbats av översvämningar och andra slags katastrofer. Vi koreaner är ännu inte helt fria från fattigdom och lidanden.

Men Rev. Dr. Jaerock Lee kom att leva ett fullständigt annorlunda liv efter att han överkom alla dessa lidanden och smärtor, och denna bok porträtterar varje steg på ett sånt rörande sätt. Men det betyder inte att denna bok är skriven med fina och blomsterklädda ord och med litterär doft utan snarare med ärliga och enkla meningar som rörde mitt hjärta.

Borde jag säga "Sanningens Väldoft"? Hans biografi, som innehåller sanningen om Guds frälsning och ger äran bara till Jesus Kristus, kan göra så att läsaren känner samma nåd från Gud.

Kanske var det berodde på att jag inte kunde komma över några "riktigt bra böcker", vilket inte spelar någon roll, orsaken till att denna bok berörde mig så mycket var att hans omvändelse från alla hans synder efter att han mötte Jesus, att han lyddе Guds kallelse och utbildade sig vid det teologiska seminariet för att bli pastor, och försöka att frälsa "till och med en träkolsbrikett", blev en slags symbol för mitt liv och för våra grannars liv, barn som styr sina familjer, och för dem som kämpar med fysiska handikapp. Efter att jag hade läst denna bok förändrades inriktningen på mitt kristna liv radikalt.

Jag tror att Rev. Dr. Jaerock Lees liv kan bli en lärobok för vårt kristna liv. Vi tror att vi är helgade när vi lyssnar på predikningarna i kyrkan, men när vi går tillbaka ut i världen fortsätter vi att synda igen. Det var ett livsfarlig kretslopp för våra trosliv.

Så *"Mitt Liv Min Tro"* ger tydliga svar på frågan "Hur ska vi leva vårt kristna liv?". Rev. Dr. Jaerock Lee uppmanar oss att ropa ut i bön genom denna bok. 'Be för att bli helgad och använd för Guds syften', 'Be för att ta emot Guds kraft', 'Be för att ta emot olika gåvor från den Helige Ande', 'Be för din församling, din pastor, och andra Guds tjänare', 'Be om Guds rike och Hans rättfärdighet', och 'Be om andlig kärlek'. Hans trosbekännelse som härstammar från hans erfarenheter berör våra liv.

Miraklerna som hände strax efter att han hade startat församlingen, inklusive alla helandemirakler, upplivande av de som var döende och uppväckande av de som redan var döda, skulle kunna göra andra pastorer avundsjuka på honom. Han studerade vid det ortodoxa helgelseseminariet och blev ordinerad genom dem, och varför uteslöt samfundet honom? Den orättfärdiga processen som samfundet drev är också i detalj beskrivet.

Vi kan se den verkliga enheten när vi ser på frukten. Idag brinner den Helige Andes eld varje vecka i Manmin Central Church, och så många sjuka människor med obotliga sjukdomar tar emot helande. Stora kampanjer har hållits i USA, Ryssland, Afrika, Mellanöstern, Europa, och Latinamerika, och så många människor från hela världen ser de tecken och under som sker. Korea håller på att bli världens missionscenter.

Efter att han hade rest upp Manmin Central Church som en av de största församlingarna i världen, lever han bara genom böner på berget och genom fastande bön. Även då hans döttrar var i livshotande situationer, och även när han själv var ett steg från döden som ett resultat av många dagars blödning på grund av en kraftigt ökande överansträngning, övervann han dessa prövningar endast genom tro. Ändå skryter han aldrig över något av detta. Hans tro ska vi ta efter.

Det är ett mysterium i sig själv att Jesus förvandlade vatten till vin på en bröllopsfest, helade blödarsjuka och spetälska, och uppväckte den döde Lasarus. Varför kritiserar somliga människor de helanden och Guds kraft som manifesteras genom Rev. Dr. Jaerock Lee? Kan vi tala om Koreas hundraåriga kristendom utan att tala om helandeunder?

Korea har flest antal församlingsmedlemmar i hela världen. Det är ett land där vi ser människor be tillsammans högt och ljudligt, och deras kroppar skakar under bön och till och med dansar när de lovsjunger; cancer botas på "Bönebergets" bönetillfällen, och döende människor upplivas. Korea har sänt ut ett stort antal missionärer. Efter att ha läst Rev. Dr. Lees bok kan jag än en gång känna att Korea kommer att bli en sådan välsignad nation.

Nuförtiden predikar Rev. Dr. Jaerock Lee om 'Himlen' och vi vet inte när det ska ta slut. Om någon talar i detta ämne har han inget mer att säga efter ett par veckors undervisande om budskapet. Men Rev. Dr. Jaerock Lee talar om det på ett tydligt och detaljerat sätt att dagarna bara passerar. Jag tror att det beror på att han har den profetiska gåvan och många andra gåvor, så alla dessa predikningar kommer ut som silke ur en silkeskokong.

Som Kung Salomo sa i metaforen om guldäpplen i silverinfattning i Ordspråksboken 25:11, är Rev. Dr. Jaerock Lees budskap som uttalas lugnt och stilla och på ett lättförståeligt sätt, i det att han profeterar ut Herrens ord, precis som just guldäpplen i silverinfattning. Han manifesterar mirakelkraft efter att ha gått igenom många fruktansvärda prövningar.

Februari 2007
Yoorim Han (Tv-författare)

Innehållsförteckning

Lovord

Recension

Kapitel 3
Min Kallelse

Kapitel 4
Guds Kallelse

Innehållsförteckning

Kapitel 5
Församlingens start

Kapitel 6
Församlingens Tillväxt och Prövningar

Kapitel 7
Gud Utvidgar Tjänstens Gränser

Kapitel 1

Kapitel 1

Man Trodde att en Stum Baby hade Fötts

Mina Föräldrar Lärde Mig Godhet och Rättfärdighet

"Oj oj, . . . en stum baby har fötts. Varför kan han inte skrika?". På grund av att jag inte skrek när jag hade blivit född blev mina föräldrar oroliga och daskade till mig. Inte ens då skrek jag, utan snarare log. Mina familjemedlemmar blev väldigt ledsna och trodde att jag var stum.

Efter att jag hade fått uppleva Guds nåd, undrade jag en gång varför jag inte skrek då jag var ett litet barn. Kanske det var för att min ande visste att jag skulle leva ett välsignat liv som en Guds tjänare, leda oräkneliga själar till frälsning. Den 20 april 1943 (enl. månkalendern) föddes jag som det sista barnet (av tre söner och tre döttrar) till min far Chabeom Lee, och min mor, Gamjang Cho. Min födelseort är en liten by som heter Haeje Myeon, Muan Goon, Jeollanam-do provinsen. Min far var en lärd man inom traditionell kinesisk filosofi och han njöt av elegans och musik. Under Japans styre över Korea besökte han många gånger

Japan i affärsärenden, men efter att Korea blev självständigt stängde han sitt företag och letade efter en lugn plats att leva på. När jag var tre år gammal flyttade min familj till Changsung, som är en by vid Boon-hyang Ri, Nam Myeon, Changsung Goon. Det var en exklusiv by. Många sa att bara 'Chun'-familjer kunde bosätta sig där, men min familj kunde på något sätt bosätta sig där ganska lätt.

Min far – som jag kommer ihåg honom från min barndom – var en person som hade förlorat all kontakt med omvärlden och läste mycket böcker hemma. Redan då kommer jag ihåg att vi hade tämligen få gäster i vårt hem. När min far hade besökare brukade han dricka med dem och citera gamla dikter eller tävla med dem i traditionell kinesisk filosofi.

Min fars tanke var att uppfostra mig till att bli en stor man

Han brukade alltid säga till mig, "Jaerock, en man måste vara trogen. Du borde kunna bli en stor man i den här världen en dag". Alla föräldrar vill förmodligen att deras barn ska växa upp och ha framgång i vadhelst de gör. Men jag kommer ihåg att när jag växte upp försökte min far på ett speciellt sätt plantera goda värderingar i mig, och min mor tjänade alltid och offrade sig själv för familjen.

Min far började undervisa mig ur "Ett tusen kinesiska karaktärsdrag" redan när jag var fem år gammal. Han berättade också många berättelser om kända hjältar. När jag hörde dessa berättelser från "Tre riken" om Guan Yu, Zhang Fei, och Zhao Yun, som riskerade sina liv för att beskydda sin mästare Liu Bei, och berättelsen om Zhu Ge Lian som fick vinden att blåsa, blev jag så upprymd att mina händer började svettas. Min far brukade berätta för mig om vad visa män som Konfucius och Mencius undervisade, och om stora mäns integritet. Berättelser om Mongju Jung, som tjänade Koryo dynastin (trots att det var förutbestämt till att bli förstört) ända till slutet, med vetskapen om att han skulle bli dödad, och om Admiral Soonshin Lee som räddade landet när det var på randen att förstöras, berörde alltid mitt hjärta oavsett hur många gånger jag hörde dem. Det var berättelser om stora män som behöll sina positioner och var trofasta – även i livshotande situationer – och de blev ingraverade i hjärtat på denne unge pojken. Genom dessa berättelser lärde jag mig också att jag måste respektera mina föräldrar, vandra den rätta vägen och återgälda all slags nåd jag skulle komma att ta emot under resten av mitt liv, utan att förändras på vägen.

Drömmen om att bli en kongressman

Jag började grundskolan med drömmen om att bli en kongressman, och min far brukade ta med mig på många valkampanjer och valtal. Vi brukade gå så långt som 10 eller 15 kilometer för att komma till en valkampanjplats. Han visade mig provinsiella val, allmänna val och presidentval. Han ville uppfostra mig till att bli en politiker som skulle utföra storverk för landet.

Vid den tiden var Frihetspartiet vid makten, och många människor brukade komma och lyssna på talen. För mig var varenda talare underbar och de verkade alla vara stora män. Jag brukade tänka, "Jag vill bli som någon av dem när jag växer upp...". Jag lyssnade på kandidaternas tal och varje dag brukade jag drömma om att bli medlem i kongressen. Jag hade denna dröm till dess att jag började mellanstadiet och högstadiet. Jag brukade också gå på egen hand och lyssna på kandidaternas tal.

Innan jag började grundskolan hade jag redan lärt mig multiplikationstabellen och det koreanska alfabetet Hangul från mina bröder och systrar så skolan var inte så intressant för mig. Jag tyckte mycket mer om att leka med mina vänner efter skolan. Jag brukade gilla en del våldsamma lekar som att leka soldater, brottning och sparkning. Jag var relativt starkare än andra jämnåriga och jag ville alltid vinna alla tävlingar. Jag var ganska envis och hade mycket stolthet. Jag var tvungen att tävla och spela tills jag vann. Jag hade god hälsa. Trots ekonomiska svårigheter gav min mor mig välgörande örtmediciner som var relativt dyra. Det var väldigt ovanligt att man på landsbygden vid den här tiden tog sådana mediciner. Min mors kärlek för sin yngsta son var mycket stor. När jag var ute och gick hand i hand med min mor brukade de äldre i byn säga saker som, "Denne pojke ser väldigt smart ut... han kommer att bli något stort i framtiden... jag kan se på hans ansikte att han kommer att bli en stor man i framtiden... ta väl hand om honom!". När min mor brukade höra sådana kommentarer kunde jag se att hon var väldigt glad. Vid några tillfällen under min uppväxt brukade hon besöka ett buddisttempel med risoffer och be böner om välsignelse för familjen.

Min mor bad uppriktigt

Sent på kvällarna brukade min mor ta en dusch och sätta på sig sin vita traditionella koreanska dräkt som kallas Hanbok, gå utomhus, placera en skål med rent vatten på en krukställning och be till stjärnorna. Eftersom jag var det yngste barnet brukade jag försöka hålla mig vaken tills hon kom tillbaka in. Vissa kvällar, när tog hon längre tid på sig än vanligt, brukade jag titta på henne genom ett litet hål i vårt pappersfönster tills jag somnade. En gång frågade jag henne, "Mor, varför böjer du dig ner och ber så mycket?", och hon svarade, "För att när jag ber till Karlavagnen kommer din bror att komma hem i säkerhet från Koreakriget, och orsaken till att ni barn har god hälsa och växer upp så bra är för att jag ber så intensivt." Men senare, när jag blev sjuk under många år, bad hon till stjärnorna för min hälsa, men hennes böner fungerade inte längre. Men så snart hon hörde att jag hade blivit fullständigt botad genom Guds kraft började hon gå till kyrkan på egen hand. "Jag offrade så många böner under så lång tid till stjärnorna och till Buddha, men Buddha och Karlavagnen kunde inte bota min son. Men sedan min son har blivit helad i en kyrka vill jag gå till kyrkan." Efter det gjorde hon också av med alla sina avgudar och blev en trofast troende, som endast tjänade Gud.

Mina föräldrars strikta fokus på utbildning

Eftersom jag var den yngsta tenderade jag att lyda, så jag var älskad på ett speciellt sätt av mina föräldrar. De var väldigt strikta när det gällde utbildning och disciplin på alla livets områden. De undervisade inte bara mina syskon och mig om det grundläggande när det gäller mänskliga relationer utan också om vett och etikett, att föra sig på ett ordentligt sätt i gång, tal, klädnad, bordsskick, skedfattning, sömn, och uppvaknande. De betonade också att när vi talar ska vi inte höja rösten; att vi inte skulle börja tala förrän den andra var färdig; att vi inte skulle se rakt i ögonen på de äldre när de talar med oss; att vi inte skulle avbryta våra grannar när de besökte oss; och att oavsett hur fattiga vi var aldrig låta en tiggare som knackat på vår dörr gå tomhänt därifrån etc. De lärde oss också att handla utifrån godhet och tålamod. Jag tror att på grund av att mina föräldrar undervisade mig på det här sättet, till och med innan jag kände Gud, kunde jag vara ledd av mitt samvete och människor kunde kalla mig som "mannen som inte behöver någon lag". Jag tror också att det var på grund av mina föräldrars strikta undervisningsmetoder som jag lätt kunde säga "Amen" och handla efter alla slags befallningar som kom ut från Guds Ord efter det att jag hade accepterat Herren.

Som en lärd man inom traditionell kinesisk filosofi studerade min far fysionomi som handlar om att bedöma en karaktär utifrån fysiska anletsdrag, och kiromanti (konsten att spå i händer). Han brukade korrekt förutsäga viktiga händelser som skulle ske i nationen och flera olika saker som skulle hända i byn. Han brukade säga till mig, "Jaerock, du kommer att bli en stor man. Allting ser bra ut förutom att din livslinje är lite kort och delad på mitten, så du är förutbestämd till att dö tidigt. Men, det finns en ganska tunn sammankopplad linje jämte din livslinje så om du bara klarar dig förbi ditt 30:e år kommer du att vara till välsignelse för många folk."

Min far var väldigt glad efter att han hade spått mina fysiska anletsdrag och händer. Han sa att jag skulle kunna dö vid ung ålder, men om jag bara klarade mig förbi 30, skulle jag resa till många delar av världen och vinna många människors respekt. När jag blev 30 var jag genomsyrad av sjukdom. Jag var så nära döden vid många tillfällen. Många gånger visste jag inte ens om jag skulle överleva till nästa dag. Medan jag levde i sådana omständigheter kunde jag inte ens drömma om att bli en stor man en dag. Min far tyckte synd om mig för han trodde att jag skulle dö ung, så han försökte göra sitt bästa för att undervisa mig och ge mig allt gott. Min mor levde också ett mycket noggrant och trofast liv för min och hela familjens skull.

En olycka i grundskolan

Allt sedan jag var ett barn har jag haft god hälsa. Eftersom jag var min mors sista barn älskade hon mig väldigt mycket och hon gav mig honung med alla möjliga slags naturliga örttillskott och extrakt. Så jag var ovanligt stark, mer än andra barn i min ålder. Trots min unga ålder pryddes jag av medaljer från koreansk brottning och människor brukade kalla mig "Starke Mannen". Många barn följde mig och såg mig som sin ledare.

Som barn influerade av det koreanska kriget lekte mina vänner och jag många tämligen våldsamma lekar. Vi lekte krig, svärdfäktning, sparkning, brottning och en lek som kallades "Sahbi" som går ut på att försöka kväva motståndaren till underordnande. I brottning lyfter man sina händer för att visa att man ger upp om man har hamnat i svårt underläge, i ett kvävningsläge. En gång svimmade jag för att jag vägrade att ge upp. Oavsett vad det gällde fortsatte jag alltid att tävla tills jag vann, för jag var stolt och väldigt envis. En dag i fjärde årskursen lekte jag med en vän som gick i några klasser högre upp och jag råkade knäcka ett av mina revben. Vi hade inte råd att åka till sjukhuset på den tiden så mina föräldrar gav mig örtmediciner och väntade bara på att jag skulle bli bättre. Men varje sommar kände jag av skadan. Jag hade en huggande smärta i min sida, svårigheter att andas och kunde inte springa. För att det inte fanns något specifikt botemedel lade min far två giftiga ormar i koreansk alkoholdryck som kallas "Soju" och sa till mig att det dricka varje morgon och kväll. På det sättet lärde jag mig att dricka i en tidig ålder. En annan gång i fjärde årskursen fanns det en lärare i min skola som hade smeknamnet "den Galne Läraren". Jag lekte brottningsleken "Sahbi" på skolgården med mina vänner och denna lärare trodde att vi slogs mot varandra. Han kallade in oss på sin expedition och började skälla på och slå oss. Sedan sa han åt oss att slå varandra tjugo gånger vardera. Jag blev inte bara slagen av läraren utan också av min vän. Det resulterade i att mitt ansikte svällde upp och en av mina trumhinnor brast. Det rann ut vätska från mitt öra och det ledde till en hörselskada. Läraren blev senare avskedad från skolan, men jag fortsatte att lida på grund av den händelsen.

Min Tonårstid

Jag var introvert och försagd. Jag avslutade grundskolan i Kwangju city 1959 och reste till Seoul för att gå gymnasiet. Jag bodde hos min äldre syster i Shindang Dong, Seongdong Gu, Seoul Korea. Under mitt sista år missade jag mer än 40 dagar i skolan på grund av att jag var sjuk. Och medan jag låg i min säng, kom någon jag aldrig tidigare hade träffat till huset för att dela evangeliet med mig och få mig att acceptera Kristus. Jag tänkte, "Vilken dåre! Var finns det här Guden som han talar om? Jag kommer inte att tro på Jesus ändå, och även om jag gjorde det, hur skulle jag kunna gå runt och dela evangeliet så där? Det är jag för blyg för att göra."

Jag tyckte synd om alla som gick runt och berättade om Jesus för människor. Eftersom jag var ateist, och timid och introvert av naturen, tänkte jag "Det finns ytterligare en orsak till varför jag inte vill tro på Gud – jag vill inte gå runt och evangelisera så där". Min far, som var en lärd man inom traditionell kinesisk

På högstadiet

På mellanstadiet

filosofi, sa till mig, "Du är född med en sån natur att du inte ens skulle kunna be om att få låna en nypa salt". Trots att människor var fattiga på landsbygden på den tiden, var salt ändå ganska vanligt. Vad han försökte säga till mig var att jag hade den slags personlighet som inte tillät mig att vara beroende av eller till besvär för andra.

När jag i grundskolan fick besked om skolavgiften som skulle betalas, kunde jag inte förmå mig att visa det för mina föräldrar. Jag missade alltid sista betalningsdagen så min lärare behandlade mig alltid hårt och sa att jag måste ta med mig mina föräldrar – bara då visade jag beskedet från min mamma. När hon såg beskedet, gav hon mig pengarna direkt. Jag visste att hon skulle ge mig pengarna, men det var väldigt svårt för mig att be henne att ge mig pengarna. Så introvert och blyg var jag. Denna personlighet påverkade senare också ¬min tjänst.

Självmordsförsök efter att jag förlorade mitt minne

Jag kunde inte studera väldigt väl i gymnasiet för jag missade så många dagar på grund av min dåliga hälsa. Jag hade satt upp som mål att göra ansökningsprovet för att kunna komma in på ingenjörsutbildningen vid Seoul National University. Jag tog uppiggande piller varje dag för att kunna hålla mig vaken och studera mer. Men allt eftersom tiden gick, blev min kropp van vid pillren, och var tvungen att utöka antalet piller. Senare upptäckte jag att jag hade beroendesymtom jag var tvungen att ta dem hela tiden. Utan dem blev jag trög och försoffad, och kunde inte koncentrera mig. Jag sov fyra timmar per dygn och studerade på det Nationella Biblioteket som låg där varuhuset Lotte ligger nu. Efter att ha studerat så under ett års tid, fick jag tillräckligt med självförtroende för kunna klara av ansökningsprovet till ingenjörsutbildningen vid Seoul National University.

Allt närmare ansökningsprovet, i november 1962, upptäckte jag att jag hade tappat minnet. Jag läste dagstidningen under en rast, och plötsligt kunde jag inte komma ihåg namnet på den koreanska presidenten vid den tiden, Dr. Synman Rhee. Jag kunde inte heller komma ihåg några engelska ord eller matematiska formler som jag hade studerat så hårt för att komma ihåg. Jag kunde inte komma ihåg något alls. Det var inte en tillfällig minnesförlust. Jag försökte komma ihåg allt som jag hade lärt mig, men jag kunde inte ens komma ihåg det grundläggande. Under en tid, kändes det som att jag höll på att falla ner i ett bottenlöst hål. Jag hade inget hopp för framtiden, och jag var på randen att drabbas av en djup depression. Med en sån introvert och blyg personlighet, hade jag studerat ett extra år bara för att förbereda mig för ett antagningsprov, och nu stod jag där med minnesförlust.

Hur skulle jag kunna se mina föräldrar i ansiktet efter allt stöd de hade gett och alla svårigheter de hade gått igenom för mig? Jag skämdes för mycket för att fortsätta att leva. Jag bestämde mig för att ta mitt liv och började samla på amerikanska sömnpiller från flera apotek. Jag fick höra att de var de starkaste och mest effektivaste. På den tiden hyrde jag ett rum bredvid min systers hus för att studera och jag åt i min systers hus.

Jag sa till henne, "Syster, jag ska över till en vän ikväll för att studera så jag kommer inte och äter middag här. Ni behöver inte vänta på mig."

Min syster, som visste inte om mina planer, nickade. Efter att jag hade packat mina tillhörigheter och skrivit ett avskedsbrev till mina föräldrar, systrar och bröder, låste jag dörren från insidan. Jag lade en filt på golvet, tog ett stort antal piller och lade mig ner. Det tog ett tag innan klarheten började försvinna, och så helt plötsligt förlorade jag medvetandet. Men, det finns ett ordspråk som säger: "Döden i det här livet är bara början på nästa."

Min bror och svåger hade en tygbutik på marknadsplatsen Dongdaemoon. De stängde normalt butiken klockan 22, gjorde några ärenden och kom hem omkring midnatt. Men konstigt nog, den dagen sa min bror och svåger att de skulle åka hem tidigare än vanligt.

Min bror sa till min äldre svåger, "Broder, jag tror att vi borde stänga butiken och gå hem tidigare ikväll".

"Verkligen? Jag tänkte också att jag ville gå hem tidigare ikväll," svarade han.

Den dagen stängde min bror butiken tidigare. När han brukade komma hem till min systers hus, brukade han normal aldrig besöka mig på mitt rum, för att inte störa mig i studierna. Men just denna dag ville han träffa mig av någon orsak.

"Var är Jaerock?, frågade han. "Han sa att han skulle till en vän för att studera där," svarade min syster. Trots det, gick min bror till mitt rum. Han såg att dörren var låst och kände att något hemskt höll på att hända. Han bröt sig in i rummet och såg att jag redan hade blivit kall som ett lik. Min bror sa till min svåger, "Han kanske överlever om vi tar honom till sjukhuset och magsköljer honom". Min bror och svåger skyndade sig med mig till sjukhuset, men för att jag hade tagit så många piller sa doktorn att det bara fanns ett litet hopp om överlevnad men efter flera dagar återfick jag medvetandet. Som ett resultat av självmordsförsöket förlorade jag dock även den lilla minneskraften jag hade kvar. Då ett år hade gått hade mitt minne ännu inte helt återställts. Men trots detta lyckades jag, efter ytterligare hårda studier, klara antagningsprovet, och i mars 1964 började jag ingenjörsutbildningen vid Hanyang University School of Engineering.

Mitt Äktenskap och Mitt Öde

Medan jag gick högskolan, blev jag inkallad i armen och började där den 29 oktober 1964. Mot slutet av min tjänstgöring introducerade en av mina släktingar mig för en brevvän, som senare skulle komma att bli min fru.

Jag förlorade alla mina ärvda pengar

I maj 1967 avslutade jag min militärtjänstgöring och lämnade armén. Men något oväntat väntade på mig. Innan jag blev inkallad, fick jag skolavgiften för mitt andra år i förskott av mina föräldrar. Jag lånade ut dessa pengar till en av mina släktingar och han lovade mig att han skulle betala tillbaka med ränta då jag var färdig med min militärtjänstgöring. Men släktingens familj hade problem och jag fick inte ens tillbaka vad jag behövde. Min bror och svåger fick reda på situationen och gav mig skolavgiften.

Efter militärtjänstgöringen träffade jag min brevvän, som nu är min fru, och blev fylld av kärlek till henne. Vi lovade varandra att gifta oss.

Hon var en dam med stora ögon, klara som vatten. Hon fick reda på att jag hade fått skolavgiften och frågade mig om hon kunde låna pengarna av mig ett tag. Hon lånade dem, men kunde inte lämna tillbaka dem som hon hade lovat. Därför kunde jag inte registrera mig för det andra året, och var tvungen att vänta flera månader. Slutligen återvände jag till min hemstad. Jag sa till mina föräldrar, "Mor, Far, jag kommer att gifta mig snart, så snälla, ge mig mitt arv i förskott. Då kommer jag att spendera en del av det på bröllopet och eftersom min fästmö är hårfrisörska kommer vi att öppna en skönhetssalong för att få en inkomst. Jag kommer att sätta in resten av pengarna på banken och spara räntan. Jag kommer att studera på stipendier. När jag har tagit examen kommer jag att åka till USA och komma tillbaka med en doktorsgrad." Jag förklarade mina framtidsplaner som om jag visade det från ritningar och övertygade mina föräldrar. De kunde inte annat än att lyssna på sin son och något motvilligt gav de mig arvet i förtid. Jag återvände till Seoul med rosenröda framtidsdrömmar, med det stora arvet. Men saker och ting började gå snett. Min fästmö och jag skulle mötas vid Seoul Station, men hon kom aldrig. Jag fick inte tag på henne på en hel vecka.

Min syster ringde och sa, "Broder, jag hörde att du har fått ut ditt arv! Hur mycket ränta kommer du få från banken? En av mina bästa vänner har ett företag och om du investerar tillsammans med henne kommer du kunna få en massa pengar tillbaka. Jag ger dig säkerhet också, så du behöver inte oroa dig för något." Naiv som jag var lyssnade jag på min syster. Och eftersom jag inte hade hört från min fästmö, hyrde jag ett hus och gav resten av pengarna till min syster.

Efter några dagar dök min fästmö upp. Hon berättade att hennes familj inte gick med på att hon skulle gifta sig med mig, så hon hade varit upptagen med att försöka övertyga dem. Till slut hade hon också försökt ta livet av sig, med sömntabletter. Hon togs till sjukhus och överlevde med nöd och näppe. Hon hade precis skrivits ut från sjukhuset.

Min syster gav mig två månaders ränta på pengarna som jag hade givit till henne, och sen hörde jag inget mer från henne. Jag ringde henne och sa, "Syster, jag måste betala min skolavgift för nästa termin, så var snäll och ge mig mina pengar tillbaka". Hon svarade inte. Efter nyår gick jag till min syster och bad om pengarna för att kunna fortsätta mina studier. Jag kunde se att hon var besvärad. Hon sa, "Broder, jag trodde att min vän som jag lånade pengarna till hade ett företag, men det visade sig att hon var en smugglare. Hon upptäcktes och sitter i fängelse nu. Jag kan inte få pengarna tillbaka". Jag var bedrövad. Jag tänkte för mig själv, "Hur fruktansvärt! Och jag som inte ens har tagit examen ännu! Vad är det här för slags katastrof?" På grund av att min syster inte kunde ge mig pengarna tillbaka förlorade jag hela arvet, på ett enda ögonblick. Jag beslutade mig för att skaffa ett jobb för att få ihop pengar och gå på kvällskurser. Jag fick jobb som journalist på en dagstidning, och i januari 1968 gifte vi oss, min kära fästmö och jag.

Jag trodde jag kunde dricka

Efter att vi hade gift oss hade vi i mars 1968 en invigningsfest på en söndag. Vi köpte 40 flaskor whiskey från Dongdaemoon-

På den tiden då han arbetade som tidningsreporter

marknaden, och mina vänner köpte också mycket att dricka. På morgonen kom mina kollegor, på eftermiddagen mina vänner i Seoul och på kvällen kom mina vänner från hemstaden. Jag njöt av festen till sent in på natten. Jag var övertygad om att jag hade stor tolerans till alkohol, så jag tackade aldrig nej till någon drink som mina vänner gav mig, och så höll det på till tidiga morgonen. Jag måste ha druckit åtminstone sju flaskor whiskey helt själv. På grund av att jag drack så mycket alkohol fick jag allvarliga magproblem. Efter att sent på natten ha tagit farväl av alla mina gäster, låg jag i sängen med en känsla av att festen hade varit mycket lyckad.

Plötsligt började taket i rummet att snurra. Lamporna började snurra och allting började snurra. Sedan kräktes jag. Jag kräktes så mycket att det kändes som om mina inälvor skulle komma ut ur mig. Min fru gav mig mediciner från apoteket men jag kräkte upp dem allesammans innan jag ens hade hunnit svälja ner dem. Jag kunde inte ens dricka vatten. Det var så smärtsamt. Från den dagen kunde jag inte äta mat ordentligt. På grund av mina magproblem, kunde jag inte smälta maten. Jag försökte med allt, inklusive örtmediciner, men inget fungerade. Min fru och jag tänkte att det skulle bli bättre med tiden, men allt eftersom tiden gick blev det bara värre, och min kropp började tappa kontrollen.

Försöka bli frisk

Jag var tvungen att sluta mitt jobb. Jag tog alla slags mediciner och gick till ett antal sjukhus för att få en ordentlig diagnos. Men förutom ett magsår, hade jag inte någon speciell sjukdom. Ändå fortsatte jag att gå ner i vikt och fick många komplikationer. Efter tre eller fyra år var knappt någon del av min kropp frisk. Jag var som en "vandrande butik med sjukdomar". Jag provade alla slags mediciner som hade ryktet om sig att vara bra. Jag hade klåda på grund av fotsvamp på sommaren och på grund av köldskador på vintern. Jag hade eksem över hela min kropp och varje morgon rann det var från inflammationerna och sårskorpor bildades. På grund av kronisk nästäppa, kändes mitt huvud alltid tungt. Min näsa var ständigt täppt och min minnesförmåga blev allt sämre och sämre.

Jag hade också lymfatiska problem. Det började som en liten knöl i min nacke som växte sig större och större, tills den blev stor som en grapefrukt. På grund av den lymfatiska inflammationen kunde jag inte vrida på nacken ordentligt. En orientalisk medicindoktor sa att han inte kunde ge mig någon medicin för den lymfatiska inflammationen eftersom jag tog så många andra mediciner. Jag led inte bara av lymfatisk inflammation utan också från ett nervöst sammanbrott, insomnia, eksem, anemi, infektion i mellanörat och mina inre organ, inklusive magen och tunn- och tjocktarmen som fungerade inte som de skulle.

Jag försökte till och med att ändra namn

Min fru fick tag på alla slags mediciner och använde olika kurer för att bota mina sjukdomar. Men när alla hennes försök visade sig vara värdelösa till och med efter flera år, vände hon sig till det vidskepliga. Somliga sa till henne, "Han kan bli botad. Du bjuda in en exorcist och prova andeutdrivning." Andra sa till henne, "Det kommer fungera om du bjuder in en buddistisk munk som driver ut demonen." Min fru gick till berömda munkar och försökte också med andeutdrivning som munkarna instruerade henne i. Till slut ändrade vi våra namn.

Vissa människor sa att om vi ändrade våra namn, skulle våra öden också förändras. Vi tyckte det lät logiskt. Vid den tiden fanns det många kontor för namnändring, de låg bredvid de centrala myndigheternas komplex. Tidigt på morgonen gick vi till "Bongsoo Kim Naming Office". Vi väntade från morgonen till lunchtid för att träffa herr Kim. "Era namn är dåliga. Varför byter ni inte namn?" Från den stunden ändrade vi våra namn och började använda dem han gav oss, utan framgång.

En sjuk fars ångest

Eftersom jag var en mycket introvert person, försökte jag att dölja min försämrade fysiska hälsa, till och med för min fru. Men min familj hamnade djupare och djupare i skuld och jag kunde inte bara sitta still och titta på. Så jag gick från plats till plats för att hitta ett jobb. Men på grund av problemen med mina öron, att jag inte kunde höra, kunde jag inte få något jobb. Min hörsel blev så dålig att jag inte kunde tala i telefon, vilket gjorde det mer komplicerat att få ett arbete.

Jag var tvungen att hitta ett mer oberoende yrke så jag började sälja små bord. Jag stod ute på gatan och sålde dem, men på grund av min blyga personlighet kunde jag inte ropa: "Bord! Bord till salu!". Efter några dagar utan framgång började jag sakteligen bygga upp självförtroende för att få dem sålda.

En dag 1972, var jag på väg ut för att sälja bord. Plötsligt började jag känna en förlamning i mina fötter, och det blev outhärdligt smärtsamt att gå. Jag lämnade mina bord på ett ställe och åkte hem med buss. Från den stunden blev jag sängliggande. Det visade sig att jag hade reumatoid artrit. Jag hade väldig smärta varje gång jag gick och mycket snart var jag tvungen att använda käpp. Ju större den fysiska smärtan blev desto större blev den mentala smärtan. Jag blev väldigt nedstämd över att jag inte kunde höra. Jag hade redan förstört en trumhinna på grund av olyckan i grundskolan som jag nämnde. Men på grund av starka mediciner som jag hade tagit under fem-sex år, hade hörseln i mitt andra öra blivit dålig. Oavsett hur intensivt jag försökte läsa på läpparna, så kunde jag inte förstå vad de sa om det var mycket oväsen runt omkring. Jag kunde inte ens berätta för min familj att jag höll på att bli döv. Jag var rädd att de skulle kalla mig "handikappad". När andra talade med mig gav jag dem fel svar för att jag inte hade hört dem, eller kunde inte svara alls, och jag vände bort mitt ansikte på grund av skammen och mindervärdighetskänslor.

Min fru hade en jobbig tid då hon försökte ta hand om mig och också med att försöka betala åtminstone räntan på vår skuld. På grund av att vi var tvungna att hyra så billigt som möjligt var vi pressade att flytta då och då. Vi flyttade från Ah-hyeon Dong till Kimpo, till Sangdo Dong, till Chongno, till Ddooksum, och så vidare. Ibland då vi verkligen var desperata, bodde vi i min frus föräldrars hus, eller hennes systers hus. Slutligen, efter alla flyttningar, slog vi oss till ro i en bergsby i Keumho Dong. Vårt hus var gjort av tegelstenar och det såg ut som en kloss. När vi gick ut ur ytterdörren kunde vi se floden Han på avstånd.

Min svärmor har dött nu, men hon fick gråta mycket på grund av mig. Hon tog mig till sjukhus och till medicindoktorerna för att få akupunktur eller örtmediciner. Men eftersom jag inte kunde gå var mina vänner tvungna att bära mig på sina ryggar nerför berget så att jag åka till sjukhuset tillsammans med min svärmor med taxi. På vår väg tillbaka från sjukhuset brukade min svärmor köpa rissprit – förmodligen för att hon tyckte synd om mig. "Son, jag vet att du har mycket smärtor, men ta en drink och muntra upp dig..."

Min Fru var i Djup Förtvivlan

Min fru gick överallt för att låna pengar till mina mediciner. Under tiden växte våra skulder som en snöboll i rullning. När vi var i akut behov av pengar brukade hon gå till sina föräldrar, sin syster, eller bror för att låna pengar. Sedan brukade hon betala av den växande räntan på vår skuld, och använda det som blev över för mina mediciner. Snart blev jag ansedd som en väldigt dålig person av min frus familj. Eftersom jag inte kunde försörja min familj som en god make skulle göra, såg de mig som en dålig make som satte deras yngsta och mest älskade dotter i en tuff situation.

Eftersom jag blev dålig direkt efter vårt bröllop, kunde vi inte njuta av de första åren som nygifta. Min fru blev tvungen att axla båda rollerna, som familjeförsörjare och att sköta om hemmet. Hon var tvungen att uppfostra två döttrar samtidigt som hon kämpade för levebrödet. Hon var utmattad, och hennes en gång så mjuka och godhjärtade personlighet började bli tuff, då det härdades av livets ansvar som hade blivit påtvingat henne. Hon hade tagit hand om mig i fem till sex år vid den tiden med det enda hoppet att jag skulle återfå min hälsa, men när hon såg att mitt tillstånd bara förvärrades kunde hon inte hjälpa att hon hamnade i djup förtvivlan. Och eftersom hon hade ett lättretligt temperament hände det att närhelst hon blev frustrerad över något, packade hon sina saker och gick för att bo hos sina föräldrar.

"Jag behöver inte kärlek. Det är pengar vi behöver just nu. Gå och tjäna lite pengar!" Hon var tvungen att betala av skulder från privata långivare som hade en hög daglig ränta. Så varje gång hon blev pressad på pengar, kunde hon inte klara av det och lämnade hemmet med orden att hon inte kunde hantera äktenskapet längre. Men efter flera dagar brukade hon alltid komma tillbaka.

En dag kunde hon med sin systers hjälp, öppna upp en liten snackbar på Keumho Dong marknad. Hon var en duktig kock så hon hade många kunder. Hon var på arbetet på marknaden från tidiga morgonen till sena kvällen. Vid midnatt brukade hon komma hem, trött och helt slut. Hon pressade sig själv så att hon skulle kunna betala av våra skulder så mycket som möjligt. Men när hon kom hem och såg mig på sjukbädden, förlorade hon allt hopp, och blev irriterad över minsta lilla sak. Våra två döttrar var redan barn som var förkastade av samhället. Ända sedan tiden då min fru öppnade skönhetssalongen, kämpade jag med att ta hand om vår första dotter Miyoung, och vår andra dotter Mikyung bodde med min mor i min brors hus.

"Varför liknar hon sin far så mycket?"

Var det för att hon liknade sin sjuke far så mycket? Mikyung fick inte ens en möjlighet att ta emot så mycket av vår kärlek på grund av vår situation. När jag ibland hälsade på hos min bror och såg att hon lekte med en liten trasa i sin mun, brast mitt hjärta. Men på grund av mitt tillstånd kunde jag inte ta med henne hem för att ta hand om henne. Jag fylldes av ångest. Ibland led jag av neuroser, så jag var väldigt känslig för minsta lilla sak. Om min fru överhuvudtaget nämnde något som sårade min stolthet började vi gräla och min fru kunde säga att hon ville skiljas och sedan packa sina saker och fly till sina föräldrar igen.

"Hur kan ni fortsätta på det här sättet? Jag tror att det är bättre för er båda att ni skiljer er."

Min frus familj kom till mig och visade sitt missnöje med mig, skällde ut mig så att alla våra grannar kunde höra det. Mitt ansikte blev rött av ilska och genans. Min fru, som hade lämnat hemmet, kom tillbaka och sa, "Jag kom inte tillbaka för att träffa dig. Jag kom för att träffa min dotter. Om du någonsin får tillbaka hälsan kommer jag att skilja mig från dig. Jag vill göra det redan nu, men om jag göra det, kommer människor att peka finger mot mig och säga att jag övergav min sjuka make. Så inte nu!"

Köttslig kärlek förändras

1972 var min kropp så full av obotliga sjukdomar. På grund av att jag hade tagit så många starka mediciner, hade varken injektioner eller tabletter någon verkan längre. Mina föräldrar, syskon och släktingar började peka finger åt mig och drog sig undan mer och mer. Min fru undvek mig. Till och med min mor gav upp hoppet om mig. Min mor, som var 70 år då, kom för att besöka mig. När hon såg sin sängliggande son började hon gråta bittert. Hon tyckte jag var hopplös. "Oh! Oh! Att dö snabbt vore bättre för dig. På det sättet skulle du hedra mig."

Hur fruktansvärt var det inte att vara i min situation och få höra att min egen mor, som älskade mig mest av alla, föredrog att jag skulle dö för att det skulle hedra henne? Jag trodde aldrig att min mor skulle överge mig, även om hela världen skulle vända sig emot mig. Vid det tillfället förstod jag att mänsklig kärlek är flyktig. Om omständigheterna försämras, förändras kärleken.

Eftersom min egen mor inte förstod mitt lidande, hur skulle då en bror kunna förstå? En dag kom min bror på besök, berusad, och sa att han ville trösta mig. Men istället för att trösta mig, gjorde han mitt lidande än värre.

Misslyckades med det andra självmordsförsöket

Jag kände mig som en liten fågel som med sina flaxande vingar desperat kämpade för att överleva, men allt var förgäves. Första gången min fru packade sina saker och började bo hos sina föräldrar, gick jag dit och förde hem henne igen. Men när hon gjorde det igen, vågade jag inte föra hem henne igen, på grund av det förakt och ringaktning jag fick möta av hennes föräldrar. Närhelst jag tänkte på mina unga döttrars framtid, reste sig en stark överlevnadsvilja i mitt innersta, men när jag stod inför verklighetens murar, kände jag kraftlösheten komma över mig. Jag började betrakta mig själv som att det inte gick att få någon frihet från dödsskuggan, och än en gång började jag samla in piller med önskan om att avsluta mitt miserabla liv så fort som möjligt. Det var dåligt nog att jag var tvungen att lida på grund av sjukdomar, men vad som gjorde det värre var att min egen fru inte var vänlig mot mig utan snarare sårade mig. Jag förlorade all vilja och önskan om att leva. Jag trodde att det var bättre om jag dog än att jag gick och hämtade hem min fru från hennes föräldrars hem. Så jag tog de 20 tabletterna som jag hade samlat på mig.

Den dagen jag tog tabletterna var min fru hemma hos sina föräldrar. Hon kunde inte sova och kände sig väldigt nervös. Hon sa att hon inte kunde skaka av sig tanken att något fruktansvärt fel höll på att hända i vårt hus. I det att hon blev mer och mer nervös bestämde hon sig för att ta en taxi hem, och hon fann mig döende. Hon skyndade sig till sjukhuset med mig där de behandlade mig, och jag blev återupplivad. "Jag kan inte ens avsluta mitt liv på det sätt som jag vill. Jag kan nog inte försöka ta självmord fler gånger." När jag återfick medvetandet på sjukhuset, tänkte jag tillbaka på mina två misslyckade självmordsförsök, och jag kände det som om en högre makt grep in i mitt liv. Så jag beslutade mig för att aldrig mer försöka begå självmord.

Katter sägs vara bra för reumatisk artrit

Ibland när min kropp blev lite bättre, gick jag runt med en käpp. Vid andra tider förvärrades mitt tillstånd och jag blev sängliggande och kunde inte röra en muskel. Någon fick lova att samla ihop min avföring. Min fru hade hört att katter var bra för reumatisk artrit, så hon tog hem katter från marknaderna i vårt område Sungdong Ku och från andra marknadsplatser som Dongdaemoon och Joongbu. Sedan kokade hon dem och lät mig äta dem. Om de blev lite kokta luktade de SÅ illa att jag hellre ville dö än att äta det.

Min mor och min fru tog med sig allt möjligt som folk sa kunde vara bra. De kokade tusenfotingar, en ört som heter Hjärtstilla och barken från ett kinesträd för mig. De matade mig med hundars och björnars gallblåsa. Jag drack till och med sprit gjord på ormar. Min kamp mot alla sjukdomar fortsatte. Det sades att tyska piller mot leprasjuka var ett slags gift som botade leprasjukan. Eftersom jag led av en hudsjukdom som påverkade hela min kropp, tog jag dessa piller med hoppet om att bli botad, men resultatet var bedrövligt.

Jag drack kroppsvätskor i 15 dagar

Jag provade på alla slags mediciner, medicinska behandlingar, bondepraktikan, botemedel från örter, till och med skrock och andeutdrivning, men det verkade som om min hälsa var i en nedåtgående spiral, djupare och djupare ner i den bottenlösa avgrunden.

"Jaerock, en väldigt berömd doktor har kommit till stan. Var tycker du om att få bli undersökt av honom?"

"Ja, varför inte? Jag har inget att förlora." Jag tog rådet från en av mina vänner i Keumho Dong och gick för att träffa doktorn. Han kontrollerade min puls och undersökte mig. Han sa, "Det är ett under att du är vid liv. Din puls verkar slå, men det gör den inte. Det är ett mirakel att du lever. Det finns bara ett sätt att bota dina sjukdomar på. Du lekte en hel del tuffa sporter när du var ung, eller hur? Slog du dig mycket under dessa aktiviteter? Du har märken över hela din kropp med döda blodkroppar, och sammangrötade blodkroppar och blodkroppar som rinner ut över hela din kropp. Det är orsaken till att ditt tillstånd är så här."

"Oh, menar du det? Vad är lösningen?"

"På järnvägsstationerna på landsbygden finns det offentliga toaletter. Vätskan från exkrementerna i botten på dessa toaletter har ruttnat i mer än 10 år. Ös ut detta, och drick det i en ölmugg tre gånger om dagen i 15 dagar. Då kommer alla blodfläckar i din kropp att försvinna, och du kommer att få tillbaka din hälsa igen.

Doktorn gav detaljerade instruktioner på hur man kunde få upp exkrementvätskan. Allt jag var tvungen att göra var att binda granbarr vid mynningen på en kanna som filter, binda en sten ovanpå kannan och sedan släppa ner den i toaletten. Då skulle klar exkrementvätska fylla kannan. Jag fick lova att om jag drack vätskan och blev botad, skulle jag betala doktorn en stor summa pengar. Min fru och jag blev så glada och trodde att detta var det slutgiltiga botemedlet, så vi skyndade oss till landsbygden, dansande av glädje. Min mor hörde mig förklara hur man skulle få tag på detta botemedel så hon tillbringade hela natten med att samla in exkrementvätska i en trevlig skål och förde det till mig med stor försiktighet.

I 15 dagar drack jag exkrementvätskan utan att missa ett enda tillfälle. Den fruktansvärda stanken gjorde det väldigt svårt att svälja överhuvudtaget, men driven av min starka önskan att bota mina sjukdomar, drack jag det ändå, med sugrör. Efteråt borstade jag tänderna och tog en karamell att suga på som min mor gav mig. Men stanken ville ändå inte ge med sig. Mot slutet av de 15 dagarna insåg jag att det inte heller hade fungerat.

”Mor, om jag är på väg att dö, vill jag komma tillbaka till mitt hus i Seoul och dö där.”

Kapitel 2

Gud Lever Verkligen!

När det Sista Kronbladet Faller, Faller Också Mitt Liv

Hur min andra syster berättade evangeliet för mig

När vårt sista hopp, exkrementvätskan, var förgäves, återvände min fru och jag till Seoul i ännu större förtvivlan. Den enda önskan jag nu hade kvar var att få dö snabbt, så jag låg i sängen och såg tiden förspillas. Min dagliga rutin i vår lägenhet var att läsa romaner eller att dricka koreansk rissprit. I den lilla enrummaren fanns det en låda med rissprit, medicinkärl och lånade böcker överallt.

I min familj var min andra syster den enda troende. Hon förlorade sin syn på ena ögat efter att ha gått igenom en febersjukdom i barndomen. Hon gifte sig med en ung man från en grannby och uppfostrade tre söner och två döttrar. Hon levde ett liv i trofasthet. En dag var det någon som delade evangeliet med henne och hon började gå till kyrkan. Min mor och bröder tyckte hon var en fanatisk troende och var missnöjda med att hon gick till kyrkan. "Du arbetar så hårt med lantbruk, och sen ger du allt till kyrkan. Du arbetar inte ens på söndagar utan går till kyrkan istället. Du kommer inte att kunna undkomma fattigdom. Hur tror du att du någonsin kommer att bli rik?" Även när min mor kom och försökte trycka ner henne, brukade hon bara le och säga, "Mor, det ger en sådan glädje att tro på Jesus. Varför börjar inte du också gå till kyrkan?"

På söndagar brukade hon se till att allt hushållsarbete var färdigt tidigt på morgonen så hon kunde gå till kyrkan. Hon dammade talarstolen och tjänade i församlingen. Om hon någon gång fick någon förstlingsfrukt eller något annat dyrbart, brukade hon i hemlighet lämna det vid pastorns hus och springa därifrån. Hon älskade att tjäna Guds tjänare på det sättet.

Hon var noggrann med att gå på väckelsemöten och sökte Guds nåd på ett ivrigt sätt. Hon gav till och med sin guldring – som var en mycket dyrbar sak på den tiden – som ett offer.

"Gud, ge mig tro dyrbar som guld. Ge mig tro som guld, som aldrig förändras oavsett hur tiderna förändras".

Allt sedan min barndom hade min andra syster varit min favoritsyster. När jag studerade i Seoul, bodde jag praktiskt taget i hennes hus när jag var ledigt. Hon försökte dela evangeliet med mig närhelst hon hade möjlighet. Efter att jag blev sjuk, tyckte hon verkligen synd om mig. Hon fortsatte att uppmana mig att gå till kyrkan med orden, "Broder, om du går till kyrkan, kommer Gud att hela dig. Du kommer få tillbaka hälsan igen."
"Syster, var inte fånig. Vi lever i en tidsålder då människan

kan åka rymdskepp till månen. Var i den här världen finns Gud? Om Han lever, visa mig."

Min syster uppmanade mig många gånger att tro på Gud, men på grund av att jag var envis, insisterade jag på att om Han verkligen existerade skulle hon visa Honom för mig.

När det sista kronbladet faller, faller också mitt liv

Jag kände mig som en hjältinna i en berömd roman. I romanen levde hjältinnan i konstant förtvivlan utan hopp om morgondagen. Hon trodde att den dagen då det sista bladet från en speciell väggblomma föll på grund av stormiga vindar, skulle hennes liv också vara slut. Jag levde också i konstant förtvivlan utan hopp om morgondagen.

I april 1974, prydde färgsprakande rosa azaleor och gula gullsydskaktusar höjderna och fälten över hela landsbygden. De spred sin underbara väldoft överallt. Men mitt liv hade vissnat bort och det kändes som om varje andetag förde mig allt närmare döden.

"Allt i skapelsen får sånt liv under den här perioden av året. Men när skulle mitt liv, som hängde som det sista lövet, få ta slut?"

Ingen var glad över att se mig. Jag kunde inte äta ris eller kött, men jag kunde dricka alkohol. Alkoholen var min enda vän. Jag höll knappt ut från den ena dagen till den andra, så jag blev beroende av alkoholen. Mina föräldrar, mina bröder och systrar besökte mig allt mer sällan. Snart väntade jag inte ens att någon skulle besöka mig, men dag knackade det på dörren. Det var min andra syster, systern som jag älskade väldigt mycket.

"Syster, vad för dig hit till Seoul? Kom in!"

"Jag har ärenden till Seoul."

Det var i den stressigaste tiden för lantbruk, så jag var väldigt förvånad, och samtidigt glad, över att träffa henne.

Fick frågan om att hjälpa henne att hitta vägen

"Broder, var snäll och gör mig en tjänst. Du måste hjälpa mig med något. Det finns en plats jag har velat besöka under en lång tid nu. Var snäll och ta mig dit."

"Vad? Vad menar du? Du vet att jag inte kan gå särskilt bra."

"Jag vet. Jag vet. Men jag vill verkligen besöka detta ställe, så jag ber dig om hjälp."

Jag vägrade först. Jag kunde inte guida henne på grund av min sjuka kropp. Men hon fortsatte att be mig så ivrigt och uppriktigt att jag fick dåligt samvete, så till slut kunde jag inte säga nej till henne längre.

Platsen hon ville besöka var platsen där en av de helandekampanjerna ledda av Diakonissa Shin-ae Hyun pågick. Hon var välkänd för sin gåva av gudomligt helande. Det var för att min syster hela tiden fortsatte att be för mig och leta efter ett sätt att ta mig till kyrkan som Diakonissa Hyun och jag senare blev bekanta. Min syster visste att om hon uppmanade mig att ta emot helande i en kyrka, skulle jag vägra att följa med. Medan min syster var i bön hade hon tagit emot visdom från Gud att ta med mig till kyrkan genom att be mig om hjälp att hitta dit.

Innan jag trodde på Gud

Eftersom jag blev undervisad om Darwinism och evolutionsteorin i skolan, var jag en ateist. Jag kunde frimodigt säga att det inte fanns något som skulle kallas spöken. Men, djupt inom mig, kunde jag inte förneka Guds existens. Det fanns så många faktorer att ta hänsyn till, och jag kunde inte radera ut tanken på att det måste finnas ett liv efter döden. Djupt i mitt hjärta, hade jag redan erkänt att Gud Skaparen existerade. Jag hade trott, "Om Gud verkligen finns, då finns förmodligen också helvetet, som i den där filmen jag en gång sett. Hur kommer då mitt liv efter detta att bli?"

Eftersom jag inte kunde förneka Guds existens djupt i mitt hjärta, var jag tvungen att erkänna att det måste finnas ett liv efter döden också. I ett hörn av mitt hjärta, hade jag också fruktan för helvetet. Det var orsaken till att innan jag trodde på Gud, försökte jag leva ett gott och rättfärdigt liv.

Eftersom min syster inte bad mig om att vara med på ett möte i kyrkan och ta emot helande, utan bara bad mig om hjälp att hitta till hennes kristna mötesplats, gav jag efter för hennes förfrågan. Den 17 april 1974 gick hon upp tidigt på morgonen och gjorde sig i ordning och sa att hon måste komma iväg tidigt för att hon ville få en bra plats. Det var första gången på väldigt lång tid som jag hade varit utanför huset. Det var väldigt svårt för mig att gå ner från byn Keumho Dong, som låg i bergsbygden, och det tog så lång tid. Vi tog en buss till Seodaemoon och kom till diakonissan Shin-ae Hyuns kyrka.

Är Alla Här Galna?

Trots att båda mina trumhinnor hade brustit tidigare, kunde jag höra ljud, men endast svagt. Andra våningen var redan full av människor så vi gick upp på tredje våningen. Trappstegen var gjorda med en lätt lutning för att hjälpa de handikappade. Jag gick med en käpp och hade det svårt att hålla jämna steg med min syster.

Det var förmodligen tid för gruppbön. Personerna runt mig lyfte sina händer och ropade ut väldigt högt. Jag hade aldrig sett något liknande förut så jag visste inte vad jag skulle göra, jag bara tittade runt. Jag såg att min syster böjde knä och bad och hennes händer skakade, sedan ställde hon sig upp.

Varenda en verkade galen, inklusive min syster. Jag kände mig hur jag blev mycket varmare och mitt ansikte rodnade. Jag ville bara komma ut därifrån. Men mer och mer personer fyllde på bakifrån och satte sig ner bakom mig, så jag kunde inte komma ut. Jag ville komma ut på direkten. Men vad skulle jag göra? Jag kunde inte bara lämna min syster där och gå hem ensam! Eftersom jag aldrig hade sett någon be på det sättet – än mindre se folk göra det tillsammans – kände jag mig nervös och förvirrad bara av att titta på människorna som vinkade med sina händer och ropade ut högljutt i bön. Men eftersom jag inte kunde gå tillbaka ensam, stannade jag. Jag trodde att jag kanske borde böja knä, jag med. Jag böjde knä och slöt mina ögon. Plötsligt började jag svettas på ryggen och svetten rann längs min rygg. Det var en vårdag, men det var inte hett. Jag var en väldigt mager person – nästan bara kött och ben – så det var omöjligt för mig att svettas så. Jag tyckte det var väldigt underligt, "Jag måste känna mig väldigt generad och nervös eftersom jag svettas så mycket!"

Det var först en tid därefter som jag förstod att så snart jag hade böjt knä den dagen hade Gud bränt bort alla mina sjukdomar med elden från den Helige Ande. Vid talarstolen långt borta, predikade diakonissa Shin-ae Hyun, klädd i vitt, med stor passion. Ljudet från högtalarna var väldigt högt men jag kunde knappt höra det alls. Jag kunde bara höra några ord här och där. "Hur trevligt skulle det inte vara om jag kunde höra tydligt vad den där damen säger!" tänkte jag.

En förändring hade ägt rum i mitt hjärta efter att jag hade blivit så svettig (faktum är att jag hade blivit berörd av den Helige Ande). Jag ville höra budskapet som diakonissa Shin-ae Hyun predikade. Min syster sa, "Broder, varför tar du inte emot förbön som andra personer som har kommit hit?"
Efter predikan lyste min systers ansikte när hon uppmanade mig att ta emot förbön. På min systers instruktion ställde jag mig

upp och gick - inklämd mellan en hög av andra människor – till platsen där diakonissan satt.

Ljud fortsatte att strömma ut från högtalarna, och det var vittnesbörd från dem som hade blivit botade genom förbön. Jag kunde höra delar av vittnesbördet, och någon sa att hon hade tagit emot "elden från den Helige Ande" och blivit botad när diakonissan Shin-ae Hyun hade lagt sin hand på henne.

"De måste ha blivit botade genom förböner. Men jag kan ändå inte tro på det helt."

Diakonissan Shin-ae Hyun knackade med sin hand en gång på huvudet och sedan på ryggen på varenda en i det att hon knuffade dem bakom sig. Det var allt. Hon knackade mig på mitt huvud och min rygg, och knuffade undan mig, precis som hon hade gjort med de andra. Jag tänkte, "Hon hanterar människor som om de vore bagage! Jag tror att hon svindlar folket." Det måste ha berott på de stora mängder av människor, men hon bad inte för varenda en, bara knackade dem och knuffade undan dem och jag blev förolämpad.

Vid det tillfället, blev jag påmind om en händelse från grundskolan. En kvinna i Jung-eup området var känd för sin helandegåva. Hennes möten blev annonserade i dagstidningen vilket ledde till att många människor samlades i Jung-eup. Min brorson gick på ett av hennes möten eftersom det rann vätska från hans öra. Efter ungefär 15 dagar blev det uppdagat att hon var en svindlerska. Hon blev arresterad. En del dagstidningar skrev mycket om denna nyhet. Jag undrade om denna kvinna också höll på att lura människor, som den där kvinnan i Jung-eup området hade gjort. Djupt försjunken i mina tankar, fann jag mig själv på nedervåningen.

"Det var underligt! Jag gick ner utan någon smärta eller svårighet."

Jag Kan Höra! Jag Kan Höra!

Min syster var överlycklig, för det var som om hon hade fått sin önskan uppfylld. Vi gick på bussen. Plötsligt hörde jag väldigt starka ljud, som åska. Jag tänkte, "Vad underligt! Varför hör jag så starka ljud i mina öron?"

Åskljuden slutade när jag klev av bussen vid Keumho marknad. Jag sa hej då till min syster och gick till fiket som min fru hade på marknaden. Där fanns många slags maträtter på hyllan inklusive kött. Inne på fiket kunde jag höra kunders samtal medan de åt och drack. Jag var så glad att jag slog min knytnäve i bordet.

"Jag kan höra! Jag kan höra!"

Min förvånade fru frågade mig, "Vad händer, kan du höra? Var hör du och varför kan du höra nu?"

"Jag kan tydligt höra kundernas samtal. Älskling, jag är hungrig nu. Jag vill äta något. Vill du ge mig lite ris och kött?"

"Vad? Du kommer få matsmältningsproblem och utslag över hela kroppen!"

"Jag mår bra. Det känns som om jag klarar av det. Oroa dig inte, bara ge mig lite mat."

Jag åt upp riset och köttet som min fru kom med direkt. Vanligtvis kunde jag bara äta lite ris, och detta var en underbar förändring. Jag kände att min mage kunde ta hand om maten utan problem. Jag hade faktiskt inga problem alls.

Ett mirakel som inte gick att förneka!

Följande dag gick jag till badrummet så snart jag hade vaknat upp på morgonen. Det jag alltid brukade göra först på morgonen var att gå till badrummet, ta en bomullstops och torka rent mina öron från vätskan från mina öron. Jag gjorde det för att jag inte ville oroa min fru om hon skulle se det. Denna dag försökte jag torka rent som vanlig, men inget kom på topsen. Den var ren. Något mer underligt var att vanligtvis när jag vaknade upp brukade jag vara anemisk. Jag hade sån blodsbrist att jag var tvungen att hålla i mig när jag ställde mig upp och sedan försiktigt gå till badrummet. Men denna dag kunde jag utan problem ställa mig upp och gå till badrummet så snart jag hade vaknat. Det var inte allt. På grund av allvarlig artrit brukade var komma ut från mina knogar, armbågar, knän, fotleder och andra leder. Men denna dag hade det vita varet förändrats till svarta sårskorpor.

"Jag kan inte förstå detta. Vad underligt!"

Plötsligt började mitt hjärta slå hårt. Fortfarande upprymd gick jag tillbaka till rummet. Jag tog av mig mina kläder och undersökte noggrant min kropp. När jag sov kunde jag inte röra min nacke som jag ville utan var tvungen att sova på en sida, på grund av lymfatisk inflammation. Men knölen som var stor som en grapefrukt i min lymfkörtel var fullständigt borta. Vidare kunde jag komma ihåg vad som hade hänt tidigare, medan jag fortfarande var sjuk. Det var på vintern, och vi hade alltid en kastrull med hett vatten i köket. Som vanligt hade jag böjt mig ner för att ta lite hett vatten på morgonen. Kastrullen var bara halvfull och öppen för luft att komma in, så det fanns stor tillgång av syre till kolbriketterna. Vattnet stormkokade.

När jag tog vattnet med en skopa strömmade het ånga upp över mitt ansikte. När jag försökte ducka för ångan råkade jag spilla hett vatten på min kropp. Jag brände mina armar och mitt bröst. Brännskadan lämnade fula ärr, och jag brukade inte ta av mig tröjan.

Men till och med dessa ärr var borta! Det var ett sånt otroligt mirakel. Ingenting var längre sjukt i min kropp.

Då kom jag ihåg vad som hade hänt föregående dag. Jag hade kunnat gå upp och ner för trapporna utan svårigheter. På vägen hem hade jag hört något som lät som åska. Jag hade kunnat höra kundernas samtal i min frus butik. Jag hade inte längre blodbrist. Vätska rann inte längre från mitt öra, och jag hade ingen smärta i mina knän.

"Har Gud verkligen helat mig?"

När jag såg verkligheten som jag inte ens själv kunde förstå, blev jag så förvånad. Jag tog ingen mer medicin och jag behövde ingen mer operation, ingenting! Alla sjukdomar var botade! Mer än tio olika sjukdomar som jag själv inte hade kunnat bota med någon slags medicin, blev botad på en gång!

"Gud lever verkligen!"

Jag var en dåraktig person, men hur kunde jag tvivla mer? Jag böjde knän och lyfte upp mina händer mot himlen.

"Oh, Gud! Du lever verkligen! Hur klarade du av att bota mig på det här sättet, allt på en gång? Snälla, förlåt denne dåraktige man. Jag har ignorerat alla predikanter när de hade uppmanat mig att tro på Gud. Men Du lever verkligen och Du har botat mig fullständigt!"

Tanken kom att det måste ha varit en tillfällighet, men jag kunde inte tvivla. Det var som om jag flög. Ändå kunde jag inte förstå att det var verkligt. Min fru som hade varit utanför, hörde mig be och kom in i rummet väldigt förvånad.

"Älskling, kom och titta på min kropp. Gud har botat mig!"

Förvånad inspekterade min fru hela min kropp och hon trodde också på att det var Gud som hade botat mig. Hon blev överlycklig och kramade om mig och började gråta högljutt. Vi grät tillsammans under en lång tid. All sorg och smärta smälte bort och vi blev fyllda av glädje och tacksamhet.

Han som botat mig

Då jag hade böjt knä i kyrkan hade Gud fullständigt botat alla mina sjukdomar med elden från den Helige Ande. Även innan diakonissan Shin-ae Hyun bad för mig hade Gud redan botat mig genom elden från den Helige Ande. Jag var en ateist, och hade ingen tro på Gud. Jag bad inte ens till Gud om helande, så varför skulle Han bota mig? Jag trodde det var Guds svar på min systers böner som hade fastat och bett under en så lång tid för min frälsning. Det var också förmodligen för att Gud visste att jag en dag skulle komma att lära känna den levande Guden, att jag inte skulle älska världen eller bedra Honom, utan endast leva helt och hållet genom Hans Ord, och älska Honom till slutet.

Skilsmässa och Min Frus Återvändande

Lyckliga i tre månader

Som i berättelsen om "The Blue Bird of Happiness", kände jag som att en blå fågel med lycka hade kommit in i min familj. Precis som i berättelsen fanns den länge eftersökta lyckan och glädjen nära hemmet. Den största viktiga förändringen i min familj var att vi började gå till en närliggande kyrka och var med på gudstjänsterna på söndagarna. Vi gjorde det för att det hade varit genom Guds nåd som jag hade blivit botad och vi kände att vi behövde återgälda den nåden.

Men den stora ekonomiska skulden, och andra situationer förändrades inte. Trots det vi var fortfarande lyckliga och glada. Jag var så tacksam över att jag var fri från smärtorna från sjukdomarna. Det var för att jag hade hopp och en dröm om att äntligen börja arbeta hårt och tjäna in levebrödet genom min egen kapacitet.

Jag diskuterade vår framtid med min fru. Eftersom alla sjukdomar var borta, kunde jag börja arbeta igen efter några månader så vi skulle kunna betala tillbaka skulden och utvidga vår butik. Vi skulle arbeta hårt tillsammans, tjäna mycket pengar och starta en stor restaurang. Vid den här tiden fanns det en person som var skicklig i att göra dykdräkter. Jag fick jobb som hans assistent och tänkte att jag också skulle kunna återfå min fysiska kondition. Först kände jag mig väldigt trött bara av att arbeta lite grann, men snart återfick jag min energi. Jag tjänade en del pengar och planerade inför framtiden, och vi hade födelsedagskalas för min far. Det var ungefär 90 dagar efter att jag hade blivit botad.

Din son blev sjuk på grund av mig?

Den 10 juli 1974, på min fars födelsedag, hade alla familjemedlemmar samlats i huset i vår hemstad. Jag åkte dit några dagar tidigare och eftersom min fru hade en del arbete i butiken, kom hon natten innan hans födelsedag.

Även om det inte var en återvändo i triumf var jag mycket lycklig. När jag åkte till min hemstad då jag hade varit sjuk, höll jag mig mest på rummet och försökte undvika att titta folk i ögonen. Jag tog bara min medicin och återvände sedan till Seoul. Jag var rädd att mina grannar skulle kalla mig handikappad. Jag var så lycklig nu över att ha blivit en totalt frisk människa!

Jag vittnade om Gud och sa, "Jag väntade på döden på grund av så många obotliga sjukdomar. Men jag gick med min äldre syster till Shin-ae Hyuns altare och tog emot det här helandet."
Jag vittnade om att Gud som är Läkaren, hade mött mig och

botat mig. Jag hade väldigt lite kunskap i Guds Ord från Bibeln, men jag vittnade om att Gud verkligen lever och delade min glädje med mina föräldrar och bröder.

Efter lunch på min fars födelsedag höll min fru på att packa för att återvända till Seoul. Jag satt och drack med mina bröder innan jag var tvungen att gå. Under tiden var det ett oväsen utanför. Jag hörde en dörr som slog igen. Jag tittade ut och så att min fru sprang iväg med sitt bagage och sa att hon ville skiljas. Min syster och svägerska följde efter för att stoppa henne. Så skedde det.

"Min dotter, min son blev sjuk direkt efter att han hade gift sig med dig, och du led mycket. Men nu är goda dagar på väg om du arbetar hårt från och med nu." Min mor var så glad över att hennes yngste son som hon trodde skulle dö när som helst, hade fått tillbaka sin hälsa. Så hon gav råd till sin svärdotter på det sättet. Men min fru missförstod det och tog det som att jag hade blivit sjuk och lidit så mycket på grund av henne, och hennes ansikte bleknade.

"Säger du att din son blev sjuk på grund av mig? OK! Jag lämnar den här familjen. Jag ska ta ut skilsmässa. Ja, det ska jag göra!"

"Syster, du har missförstått. Du vet att mor inte menar det på det sättet som du tog det!"

Min fru åkte genast tillbaka till Seoul. Eftersom min fru lämnade oss på det sättet förändrades atmosfären från ett glatt sällskap till begravningsstämning. Min mor var rasande. Hon sa, "Du kunde inte bli botad under hela den tiden för att du var gift med en sådan kvinna! Jaerock, glöm allting. Låt oss ha en trevlig middag tillsammans. Låt oss njuta av vår måltid!

"Glömma det? sa jag, Hur kunde du säga något sådant? Hur kan jag bara glömma det?"

Mina bröder och systrar pratade med mig för att trösta mig, men det de sa gjorde bara det hela ännu värre. Jag var så upprörd över vad mina bröder sa att jag gick in i köket och tog en flaska Soju och drack ur den direkt.

Min far var chockad över att jag ställde till med en sån scen. Han hade god syn och god hälsa även efter att han hade fyllt 70 år. Han kunde fortfarande läsa kinesiska böcker och tidningar. Men på grund av chocken som allt detta orsakade honom, förlorade han sin syn. Synen var borta ända tills han senare dog. Det onormala beteendet jag uppvisade i situationen ansågs av min far vara mycket respektlöst mot honom. Den situationen är något som ger mig stor smärta, och det kommer att göra sig påmint under resten av mitt liv.

Från min frus synvinkel kände hon att under sju år hade hon gått igenom så mycket lidanden och svårigheter i livet i det att hon tog hand om sin sjuke make och försökte tjäna pengar till hushållet. Hon trodde att hennes svärmor hade sagt att allt lidande var på grund av henne. Hon kände en sån djup besvikelse på grund av det. Sorgen hon kände, i det att hon kom ihåg utmattningen och det desperata livet hon hade handskats med under sju år och det faktum att det inte fanns någon som hon kunde prata med, måste ha vällt upp i henne så mycket att det var för svårt för henne att trycka ner.

Efter fyra månaders smärta

Nästa dag återvände jag till Seoul med min äldsta dotter. Jag letade efter min fru, men hon var inte hemma och inte heller i butiken. Följande dag kom hon hem men hon var helt förändrad.

Hon sa till mig, "Nu ska jag skilja mig från dig. Vi måste gå igenom skilsmässoprocessen i vår hemstad. Kom med mig och skriv under dokumenten." Jag försökte att ändra hennes inställning, men det var lönlöst. På min frus begäran, följde jag med till vår hemstad och skrev under dokumenten.

Eftersom det var en liten stad spred ryktet sig mycket snabbt. Jag var väldigt ledsen över mina föräldrar och generad över att se mina grannar. Jag flydde snabbt tillbaka till Seoul. Jag hade aldrig trott att min fru skulle skilja sig från mig. Jag väntade fortfarande på att min fru skulle komma hem, och efter flera dagar kom hon tillsammans med hennes familjemedlemmar.

De sa, "Nu när ni är skilda vill vi ha tillbaka bröllopsgåvorna. Vi tar också tillbaka säkerhetsdepositionen för butiken på marknaden."

Eftersom vi hade flyttat 17 gånger sedan jag blivit sjuk, hade vi inga speciella husgeråd. Ändå tog min fru och hennes familj allt som hon hade köpt. Jag kände ett enormt förakt inför dem alla. När de hade packat ihop allt, gick jag till Keumho Dong marknaden och hämtade depositionen för butiken.

Marknaden var fylld med människor. Redan då förstod femåriga Miyoung vad som skedde. Hon höll i sin mammas kjol.

"Mamma, gå inte! Stanna hos mig! Lämna mig inte! Jag dör om du går!" Miyoung grät och följde efter henne. Hon tappade sina skor, men min fru skakade kallt av sig henne.

"Pappa, hon är inte min mamma längre. Jag kommer inte att kalla henne för mamma från och med nu. Låt henne aldrig komma tillbaka hem." På grund av såren i hennes hjärta, flödade orden som iskalla nålar ut ur min lilla dotters mun.

Vid den tiden gick jag upplärning i byggnadskonst tillsammans med mina vänner. Trots att jag inte bodde med min fru längre, missade jag aldrig en gudstjänst på söndagarna. För att jag gick till kyrkan på söndagarna såg jag till att jag inte rökte eller drack på lördagskvällarna av rädsla för att min andedräkt skulle vara dålig på söndagen. Efter att jag återvände hem från morgongudstjänsten och kvällsgudstjänsten på söndagen kunde jag äntligen ta en rök och dricka.

Jag visste inte hur man skulle be men jag böjde knä och bad med hög röst. "Gud, Du känner till det, eller hur? Jag fick hälsan tillbaka, och jag kan tjäna mitt levebröd nu, men saker och ting har förändrats på det här sättet. Var snäll och sänd min fru tillbaka till mig igen. Jag kan göra henne lycklig utan att hon ska behöva lida någonsin igen. Var snäll och låt henne komma tillbaka så snart som möjligt, och låt oss få vara en lycklig familj."

Jag åt frukost tidigt på morgonen, lämnade Miyoung hos min äldre bror, och gick till arbetet. Jag hämtade Miyoung på kvällen när jag kom hem från arbetet. Varje dag var likadan. Senare var jag tvungen att skicka henne till hennes farmors hus i min hemstad. Men strax efter att jag hade sänt henne dit ringde min mor mig. Miyoung hade fått vätskande sår över hela kroppen och de var så allvarliga att inga mediciner hjälpte. Hon blödde mycket och hade maskar i sin hårbotten. De skickade henne till sjukhuset men det verkade som att hon inte skulle överleva.

Hon blev medvetslös, och i detta tillstånd ropade hon och letade efter sin mamma. De bad mig låta henne träffa sin mamma en gång till innan hon dog. Jag visste inte att vi nu var lagligt skilda, och gick till min frus äldre bror i Keumho Dong. Lyckligtvis var min svärmor där så jag berättade för henne om min dotters tillstånd och bad om att få träffa min fru. Men deras gensvar var kallt. "Om din dotter dör, är det bättre för dig att du gifter om dig. Lämna henne." Så Miyoung fick inte träffa sin mamma, och med nöd och näppe överlevde hon.

Ett äktenskapsmöte

Jag släppte alla hämningar och rökte och drack för att glömma den bistra verkligheten. Jag var besviken på min fru som hade lämnat mig på grund av ett ord från min mor. Men jag hatade min frus familj än mer eftersom de hade uppmanat henne att skilja sig. Jag drack för att glömma dem som jag hatade. En gång hade investerat mina pengar genom min syster och förlorat allt på grund av hennes misstag så jag gick till henne och bad henne ge mig lite pengar för att kunna starta ett företag. Men jag tillbringade mina dagar på en bar tills alla pengarna var slut. Jag hade varken viljan eller styrkan att fortsätta med mitt liv.

Mina familjemedlemmar försökte komma på ett sätt att rädda mig. Min syster sa, "Mor, vi måste se till att han blir gift igen. Om du lämnar honom så här kommer han att bli som en död person igen, precis som förut." Till slut ringde min mor mig. Hon sa att det fanns en bra kvinna för mig och sa till mig att komma till min hemstad för att träffa henne.

Jag trodde, "Min fru kommer tillbaka. Jag kommer aldrig kunna leva med en annan kvinna!" Jag trodde också att kärleken till min fru aldrig skulle förändras, och jag kunde inte ens föreställa mig att leva tillsammans med en annan kvinna.

"Min son! Bara en gång! Det är mitt sista hopp", bönade min mor och jag kunde inte längre fortsätta att vägra när min mor bad mig om att åtminstone bara träffa den här kvinnan en gång. Så jag gjorde det. Jag bestämde mig för att bara vara formell med henne och sedan återvända. Men Guds omsorg är så djup!

När jag gick till platsen där jag skulle möta kvinnan fick jag se den mest perfekta sortens kvinna. Min drömkvinna. Jag älskade vita kläder och hon var klädd i en vit, tvådelad dräkt. Hennes hår var långt och rörde sig som vågor ner över hennes skuldror och nedför hennes rygg. Hon satt som om hon satt modell för en tavla. Jag kunde inte tro mina ögon. Eftersom hennes mor var väldigt vidskeplig och hon hade varit till en spåkvinna som sagt att hennes dotter skulle bli lycklig om hon gifte sig med en man som redan hade varit gift. Därför hade hennes mor gått med på att hon skulle träffa mig. Vi tyckte om varandra och båda familjerna förberedde sig för bröllopet.

Fram tills detta möte hade jag väntat på att min fru skulle återvända. Jag hade aldrig tittat åt en annan kvinna. Men jag ändrade min inställning om att inte kunna leva med någon annan än min fru. Det kom också som en chock för mig att jag kunde ändra mig sådär. Datumet bestämdes och vi gav varandra gåvor. Då kom plötsligt min fru tillbaka. Hon hade hört att jag skulle gifta om mig, och hon ville komma och se vilken attityd och känslor jag hade kvar för henne. Men hon fann att mitt hjärta hade lämnat henne och att jag redan hade beslutat mig för att gifta mig med en annan kvinna. Det gjorde henne förvånad.

Förlåta min fru

Tills dess hade min fru trott att jag, till skillnad från andra människor, inte skulle förändras i min kärlek gentemot henne för all framtid. Hon var chockerad över att höra att jag skulle gifta mig med en vacker, singel kvinna. Hon förstod att mitt hjärta redan hade lämnat henne. Men tidigt nästa morgon kom hon med sitt bagage. Jag sov i huset och plötsligt hörde jag en duns på golvet. Min fru kom hem med sitt bagage. Men var det inte för sent? Jag hade redan lovat att gifta mig med en annan kvinna, så jag kastade ut hennes bagage från huset. Ett gräl uppstod i det att vi flyttade bagaget in och ut ur huset.

Jag sa till henne, "Jag känner stort förakt gentemot dina familjemedlemmar och jag fick skämmas inför min egen familj. Vi har också bestämt datum för vårt bröllop, så vad ska den familjen säga?"

"Jag ska söka och få förlåtelse från alla på båda sidorna om familjen. I framtiden ska jag lyda vadhelst du säger."

"Även om jag förlåter dig, kommer mina föräldrar och mina syskon aldrig att förlåta dig!"

Hon var envis.

"Jag kommer att få förlåtelse från dem alla. Jag kommer att dö i den här familjen."

Hon var förvånansvärt förändrad, som ett ödmjukt lamm. All min kärlek för henne hade redan försvunnit men jag tänkte på mina två döttrar. Jag tänkte att det vore bättre för dem att bli uppfostrade av sin egen mamma. Så jag gick med på att förlåta henne på några villkor. Hon måste lova att villkorslöst lyda mig, och hon måste se till att bli förlåten av alla familjemedlemmar och släktingar. Jag krävde också att hennes familj skulle komma och be mig om förlåtelse. Slutligen accepterade jag min f.d. fru och vi blev tillsammans igen. Det var 120 dagar efter att hon hade lämnat hemmet.

Jag berättade uppriktigt för modern till kvinnan som jag skulle gift mig med, och bad om förståelse. Helt oväntat förstod hon min situation väldigt väl. Det var efter en lång tid som jag förstod att detta var Guds omsorg.

Varför var min fru tvungen att skilja sig från mig?

Då min fru tjänade in levebrödet samtidigt som hon tog hand om sin sjuke make, hade hon inget hopp om livet. Sakta försvann hennes mjuka och rena hjärta och hennes personlighet blev hård och tuff.

"Tungan har makt över död och liv, de som gärna brukar den får äta dess frukt" *(Ordspråksboken 18:21).*

"Envar får njuta av sin muns frukt, men de trolösa hungrar efter våld. Den som vaktar sin tunga bevarar sitt liv, den lösmynte råkar i olycka" *(Ordspråksboken 13:2-3).*

För att hon visste att jag älskade henne av hela mitt hjärta, trots att hon hade lämnat hemmet några gånger, kom hon tillbaka. Vi kände varandras sanna och trofasta hjärtan. Hon hade inte lämnat sin make som inte hade haft något hopp kvar om livet. Men hon hade upprepade gånger sagt att hon skulle ta ut skilsmässa så snart jag återfick min hälsa. Eftersom hennes negativa ord samlades på hög, blev det en fälla från Satan, och det blev verklighet på min fars födelsedag. Om vi talar ut negativa ord, anklagar vår fiende djävulen oss i enlighet med vad vi har sagt, så Gud som är rättfärdig måste låta det ske i enlighet med lagarna i den andliga världen. Min fru kunde inte kontrollera sättet hon tänkte på och sina känslor, så hon skilde sig från mig. Men Gud ledde oss till att återförenas och allt samverkade till det bästa.

Kapitel 3

Min Kallelse

Starten På ett Äkta Kristet Liv

På ett väckelsemöte förstod jag att jag var en syndare

Gud förändrade min frus temperament till att bli likt ett fårs. Efter att vi gift oss igen, upplevde vi frid och lycka för första gången på mycket lång tid. Min fru gjorde sitt bästa för att tjäna alla, och med ett ursäktande hjärta överlät hon sig själv till sin familj. Men min första dotter Miyoung ville absolut inte kalla henne "Mamma" och hon var väldigt kall mot henne. Min fru försökte under lång tid och under många tårar att vända på Miyoungs hjärta och tankar igen. Den 25 november 1975 gick vi till ett väckelsemöte efter att ägaren till vårt hus vid den tiden hade insisterat på att vi måste följa med. Väckelsemötet hölls i Sungdong Church i Oksu Dong. Min fru och jag var med på alla möten, på gryningsmötena, eftermiddagsmötena och kvällsmötena. Pastor Beyeong-ho Park från Korean Evangelical Holiness Church var talare. Han predikade ett budskap med titeln, "Ge allt och bli en tiggare". Han vittnade om att närhelst han gav allt han hade att ge, välsignade Gud honom i överflöd. Min fru och jag satt längst fram och tog emot så mycket nåd. Genom budskapet lärde jag mig att vi måste läsa Bibeln, att Jesus Kristus är Frälsaren och att jag måste sluta att röka och dricka. Jag lärde mig också hur man ber och hur man ger tionde och tacksägelseoffer. Jag lärde mig grunderna i att vara en äkta kristen.

Jag var stolt över mig själv för att jag alltid hade försökt leva ett bra liv. Människor hade sagt om mig att jag var en person som levde "utan behov av lag". Men från första dagen förstod jag, genom att jag rannsakade mig själv med Guds Ord, att jag var en syndare, och jag började gråta och snyfta. Jag var en väldigt blyg och introvert person. Det var bortom all fantasi att jag skulle låta tårarna falla och snyfta i närheten av andra människor. Men det var möjligt för Gud arbetade starkt med mig och gav mig nåden.

Starten på ett äkta kristet liv

På sista dagen på väckelsemötena gav jag ett löfte om att ge ett offer till församlingens byggnadsfond. På den tiden bodde jag i ett hus som jag hyrde för 100,000 koreanska won i depositionsavgift (ungefär 700 kronor). Jag var så tacksam över Guds nåd att jag ville ge Honom allt jag hade, men jag hade inget att ge. Jag plågades i mitt hjärta över det och slutligen gav jag ett löfte om att ge 300,000 won. Jag diskuterade det med min fru och hon hade också en önskan i sitt hjärta om att ge 300,000 won. Vi beslutade oss för att offra det inom tre månader.

Det utlovade datumet kom närmare, men vi hade ännu inte

pengarna. Vi blev tvungna att ta ett lån med hög ränta och med det gav vi 300,000 won till vår församlings byggnadsfond. Eftersom det var viktigt att hålla löftet till Gud, såg vi till att vi gav på det utlovade datumet, trots att vi var tvungna att betala hög ränta för lånet. Sedan min fru och jag hade varit på väckelsemötena, började våra kristna liv på allvar. Allteftersom vi lärde oss Guds Ord gav vi tionde och tacksägelseoffer. Jag slutade att röka och dricka, och vi började gå på bönemötena i gryningen. De dagar som jag var ledig och inte arbetade som byggnadsarbetare gick jag upp på berget tidigt om morgonen och bad. Jag hade inte tillräckligt andlig kunskap för att förstå Guds vilja att ropa ut i bön och att fasta. Jag lydde bara driften i mitt hjärta.

Ropa till mig så skall jag svara!

1975 gick jag tidigt på morgonen upp till Chilbo bergen i Suwom. Jag lade en filt på en klippa och där bad jag. Plötsligt hörde jag en röst från himlen. Den var klar och stark, och med auktoritet sa den, *"Slå upp Lukas kapitel 22 vers 44!"* Jag skyndade mig att öppna Bibeln och läste det.

"Han kom i svår ångest och bad allt ivrigare, och hans svett blev som blodsdroppar, som föll ner på jorden."

Gud är nöjd med den sortens bön som ropar ut och som är ivrig. Jag bad om att förstå varför Gud gav mig den här versen och med klar inspiration fick jag uttydelsen.

Israel ligger i ett ökenområde, så temperaturen faller drastiskt under natten. Det var i april som Jesus blev korsfäst och temperaturen på natten gjorde det nästan omöjligt att svettas på natten. Så hur allvarligt och ivrigt bad Jesus så att Hans svett blev som blodsdroppar som föll ner på jorden? Han bön var så ångestladdad, ivrig och stark att den kraft Han använde gjorde att kapillärerna i Hans ansiktes hud brast och blodsdroppar började falla mot jorden. Om Han hade bett en tyst, stilla bön skulle något sådant aldrig ha hänt.

Hemligheten i att ropa ut i bön

Allt sedan dess har jag stött på många verser i Bibeln, både i Gamla och Nya Testamentet, som säger åt oss att ropa ut i bön. Det är Guds vilja för oss att vi ska ropa ut i bön. *"Ropa till mig, så vill jag svara dig och låta dig höra om stora och ofattbara ting som du inte känner till"* (Jeremia 33:3). Jona var olydig mot Gud och blev uppslukad av en stor fisk, men i Jona 2:2 står det skrivet att han blev räddad genom att ropa ut till Gud. I Johannes 11:43-44 står det skrivet att när Jesus befallde med en hög röst kom den döde Lasarus ut. Lasarus hade varit död i fyra dagar, ändå kom han ut vid liv, med händer och fötter inlindade i begravningslindor. Stark röst eller svag röst skulle inte ha spelat någon roll eftersom Lasarus var död. Men för att det var Guds vilja ropade Jesus ut i bön. 1 Mosebok 3:17 säger, *"Du lyssnade på din hustru och åt av det träd om vilket jag hade befallt dig: Du skall inte äta av det. Därför skall marken vara förbannad för din skull. Med möda skall du livnära dig av den så länge du lever"*.

Innan människan åt från trädet med kunskap om gott och ont, levde de i överflöd i Edens lustgård, med allt som Gud hade försett dem med. Men eftersom de var olydiga mot Gud genom att äta från trädet, kom synden i människorna. Då bröts också kommunikationen med Gud och sedan blev de tvungna att livnära sig genom svett och möda. Vi kan få det vi vill ha och behöver, endast genom att bemöda oss och svettas. Så hur mycket mer måste vi inte bemöda oss och svettas i våra böner till Gud för att ta emot något som inte kan göras genom mänsklig kapacitet?

Den andliga betydelsen av att be i "det inre rummet"

Som en del av er undrar, "Jesus sa till oss att gå in i det inre rummet och be i hemlighet, så varför ska vi be högljutt? Hör inte Gud den Allmäktige oss när vi ber i stillhet?" I Matteus 6:6 säger Jesus, *"Nej, när du ber, gå in i din kammare och stäng din dörr och be till din Fader i det fördolda. Då skall din Fader, som ser i det fördolda, belöna dig."* Men ingenstans i Bibeln finner vi ett tillfälle då Jesus bad ett inre rum. I enlighet med Markus 1:34 bad inte Jesus i ett inre rum, utan tidigt på morgonen gick Han iväg till en avlägsen plats för att be. Lukas 6:12 skriver att Han bad uppe på berget.

Daniel öppnade sitt fönster och bad mot Jerusalem (Daniel 6:10), Petrus bad på taket (Apostlagärningarna 10:9), och aposteln Paulus bad på ett "böneställe". Orsaken till att de hade speciella böneplatser var för att de skulle kunna be av hela sitt hjärta och själ, och att ropa ut i bön. Att be i det inre rummet symboliserar att vi måste be av hela vårt hjärta och från det innersta djupet av våra hjärtan.

Ordet "rum" syftar på människans hjärta. Om vi går in i det inre rummet och stänger dörren, stänger vi ute all världslig konversation och kontakten med omvärlden. På samma sätt fungerar det när vi ber. Vi måste stänga ute alla andra tankar och oro och bekymmer för den här världen och be av hela vårt hjärta och med fullständig koncentration.

Gud vet om människans svaghet

I början upplever alla att det är svårt att ropa ut i bön. Men när vi fortsätter att be varje dag, kommer vi snart att ta emot kraft från ovan för att kunna be och vi kommer att kunna be mycket väl. Om vi också tar emot fullheten av den Helige Ande, kommer vi också ta emot gåvan att tala i tungor. Om vi ber lugnt och stilla är det mycket troligt att trötthets- och lathetstankar får vår fokusering i tankarna och oro och bekymmer för den här världen kommer in. Då är det mest troligt att vi kommer att behöva kämpa emot trötthet och oro för våra närmaste, för personliga och ekonomiska situationer. Vi blir fort trötta och somnar. Men om vi ropar ut i bön av hela vårt hjärta, finns det inget utrymme för trötthetstankar att komma in, så trötthet och sömnaktighet kan inte övervinna oss. Vi kommer att ha seger i våra böneliv.

Eftersom Gud känner till människans svagheter, befaller Han oss att ropa ut i bön så att vi kan vinna seger. Eftersom jag förstod Guds vilja, började jag ropa ut i bön. När jag var med på bönenätterna i kyrkan, ropade jag så mycket att min pastor sa till mig att inte be högt, eftersom det kom klagomål från grannarna. När pastorn var i kyrkan kunde jag inte be så mycket som jag ville. Därför gick jag till s.k. "Böneberg" närhelst jag kunde. I mitt hjärta kände jag sorg över att det inte var tillåtet att be högt i kyrkan, för om man hade gjort det skulle fienden djävulen ha blivit bortdriven genom bönen, och bönens eld skulle ha spridits till många församlingsmedlemmar så att församlingen skulle ha vuxit mycket snabbt. Eftersom jag hade en personlighet som var väldigt introvert, gick jag upp på höjderna och fortsatte att ropa ut i bön från tidig morgon till sen kväll.

Gud Ledde Mig till en Obetydlig Position

Jag valde byggnadsarbete för att kunna helga Herrens dag

Under de flera månader som min fru hade lämnat hemmet, hade räntan på vår skuld bara växt, och jag hade ekonomiska svårigheter. Jag började arbeta som byggnadsarbetare efter ett förslag från en man som arbetade som förman på ett bygge. Han föreslog att jag skulle återfå styrkan i min kropp genom att inte utföra tunga arbetsuppgifter på hans bygge. Jag ville få tillbaka min hälsa snabbt efter sju års lidande. Jag valde det också för att jag skulle kunna hålla Herrens dag helig. Eftersom jag inte arbetade varje dag, hade jag tid för att fasta och be, och jag gick till arbetet när det fanns arbete.

Räntan på min skuld växte hela tiden, men jag var övertygad om att Gud skulle välsigna mig om jag behagade Honom. Mina bröder och systrar ville ge mig lite pengar för att starta ett företag, men jag nekade. Jag ville börja om från början, på den rätta vägen. Eftersom jag var uppvuxen på landsbygden som den sista sonen, hade jag egentligen aldrig behövt utföra något hårt arbete. När jag började arbeta som byggnadsarbetare, krävdes det mycket uthållighet och ibland kom tårarna. När jag skulle bära upp tunga saker till andra våningen skakade mina ben och jag ramlade många gånger. Men jag reste mig igen och fortsatte att arbeta. Under den här tiden förändrades jag till en person som kunde göra vad som helst och jag återfick min hälsa.

Jag murade, skyfflade och körde dragkärror. När det inte fanns något arbete på vintern arbetade jag som chef med ansvar för att leverera ut kolbriketter. Jag arbetade även vid vattenledningsverkets kontor. Jag upplevde många olika saker. Min fru sålde saltad musselsås och sjögräs, och hon brukade också plocka upp stenar vid byggnadsplatsen. Det var den Helige Andes hjälp som gjorde att jag kunde arbeta så hårt, men jag förstod det inte vid den tiden. Det var fysiskt krävande, men jag fick uppleva de svårigheter som byggnadsarbetare går igenom, som bodde i en väldigt svår miljö. Jag började förstå deras hjärtan. Närhelst jag hade tid, vittnade jag om min erfarenhet av Gud och predikade evangeliet för dem.

Sommaren 1975 föddes min tredje dotter Soojin. Hon blev till när vi fick uppleva Guds nåd i det att vi gick på många väckelsemöten. När hon föddes, grät hon inte, precis som jag när jag föddes. Hon hade alltid ett leende på läpparna. Jag såg henne inte gråta förrän hon var sex år gammal. Under en tid plockade min fru och jag stenar på en bergssida där några byggnader höll på att byggas. Soojin var bara två månader gammal och vi hade ingen som kunde ta hand om henne så vi satte upp ett paraply i hörnet av byggstället och lade henne där. Ett enda paraply kunde inte stänga ute allt solsken, men hon grät inte. Men då vi hörde att våra hus skulle rivas på grund av utvecklingsprojekt, var vi tvungna att sluta med det arbetet.

Vi bodde i en by belägen på en höjd vid gränsen av Keumho Dong och Oksu Dong. Husägaren informerade oss om att han hade fått besked av myndigheterna att huset skulle rivas och sa åt oss att flytta. Vid den tiden var månadshyran 100,000 koreanska won (ca 700 kronor), och han sa att han hade tagit emot 150,000 won som kompensation. Han hade också fått rätt att nyttja en lägenhet som skulle byggas på samma plats, och att han skulle få 400,000 won om han sålde det.

Han sa att han inte kunde ge mig några pengar eftersom hans hus skulle förstöras. Jag gav upp om att försöka få tillbaka pengarna eftersom jag inte ville strida mot honom. Jag hade ingenstans att ta vägen. Vi var nästan tvungna att sätta upp ett tält på gatan. Men min fru lyckades på något sätt låna 50,000 won och med det kunde vi hyra ett litet rum nära kyrkan. Det var ett sjabbigt rum där det inte ens kom in något solljus.

Fasta och grundlig omvändelse efter klagomål mot Gud

Ungefär en månad efter att vi hade flyttat kom ytterligare ett rivningsbesked. Min husägare sa till mig att flytta och gav tillbaka säkerhetsdepositionen, men det var inte lätt att få ett rum så billigt som det rummet hade varit. Min fru och jag gick upp till Boolkwang Dong för att försöka hitta ett billigt ställe men våra ansträngningar var förgäves. Vi hoppade över lunchen och åt inte ens middag. När vi kom hem igen var det redan skymning.

"Gud, hur kommer det sig att du inte hör mina böner? Har du inte ens förberett ett litet rum för mig?"

I den sekunden hade jag talat ord av klagan mot Gud. Precis då gick jag förbi en fastighetsmäklares kontor och jag tittade ytterligare en gång.

"En person har just lagt upp ett rum för uthyrning. Ni kan flytta in direkt, till och med i morgon."

"Hur mycket kostar det?"

"Ni kan få det för 50,000 won."

Vi gick dit för att titta på det. Det var ett trevligt rum och hade ytterligare ett litet rum där vi skulle kunna öppna en liten butik. Där fanns ett rum som var förberett för oss så att vi kunde flytta in följande dag! När jag kom hem, bad och grät jag utan uppehåll.

"Gud, varför kan mitt hjärta inte hålla ut mer! Varför har jag ett sånt ont hjärta? Du gjorde inte mig sjuk eller så att jag var tvungen att gå igenom fattigdom, ändå klagade jag mot Dig, Gud! Om jag inte hade haft något ställe förberett, skulle jag ha sovit på gatan. Jag borde vara så tacksam för att Du botade alla mina sjukdomar, så varför klagade jag?" Jag rev sönder mitt hjärta och omvände mig med tårar för jag hade klagat mot Gud. Jag påbörjade en tredagarsfasta, eftersom jag hade bestämt mig i mitt hjärta att inte klaga mot Gud oavsett omständigheterna.

Inte kompromissa om att hålla sabbaten

Orsaken till att jag valde att arbeta på en byggnadsplats var för att kunna hålla sabbaten, för att vara fri att be och för att det skulle göra min kropp starkare. När vi bodde i det lilla sjabbiga rummet ringde en av mina äldre systrar till mig. Hon ägde en restaurang som gick bra och hon hade också en byggnad. Hon ville att jag skulle komma och driva restaurangen och hon ville också anställa min fru. Så boendeproblemet skulle vara löst och vi skulle också få det mycket bättre ekonomiskt.

"Broder, jag vill ge dig någonstans att bo och en bra lön. Varför kan du inte komma och bli chef över min restaurang? Du behöver bara arbeta två söndagar i månaden."

"Jag är ledsen, min syster, men jag går till kyrkan på söndagar, oavsett. Jag kan inte ta erbjudandet."

Efter att jag hade tackat nej till min systers erbjudande för att jag måste gå till kyrkan på söndagar, spred sig nyheten till min mor och mina bröder och systrar. Min mor var besviken på mig över att jag hade nekat till min systers erbjudande eftersom det bara skulle innebära att arbeta två söndagar i månaden. Till och med mina bröder och systrar sa att de inte kunde förstå sig på mig och skakade på sina huvuden. Jag förkastade en möjlighet att betala tillbaka alla skulder som jag hade och istället få möjligheten att bli välbärgad.

Hur Kan Jag Leva av Guds Ord?

Hur kan jag göra mig av med min syndfulla natur?

När väckelsemötena var över började jag läsa Bibeln väldigt försiktigt. Innan jag började läsa Bibeln tvättade jag mig och satte på mig rena kläder. Jag läste den i upprätt position. Jag började läsa från Matteus Evangelium. Medan jag läste stötte jag på ord som "undvik all sorts ondska", "gör dig av med vrede", "ljug inte", "hata inte", "älska till och med dina fiender", och så vidare...

Efter att jag hade levt ett kristet liv ett tag, kontrollerade jag mig själv hur mycket jag verkligen följde Bibelns Ord. Om jag inte praktiserade en viss sak i Ordet, skrev jag ner det i en anteckningsbok. Sedan bad jag Gud att Han skulle ge mig styrka att praktisera dessa saker och sedan började jag försöka praktisera det. Eftersom jag försökte praktisera Guds Ord med ett ärligt hjärta, gav Gud mig sin nåd så att jag snart kunde göra mig av med sådant jag skulle göra mig av med. *"Jag älskar dem som älskar mig, och de som söker mig, de finner mig"* (Ordspråksboken 8:17), *"Om ni älskar mig, håller ni fast vid mina bud."* (Johannes 14:15).

"Detta är kärleken till Gud: att vi håller hans bud. Och hans bud är inte tunga." (1 Johannes brev 5:3).

Långt senare, efter att jag blivit pastor, förstod jag att synd generellt sett kan indelas i två kategorier. Den ena är "köttets gärningar" som sker i handling, och den andra är "det som hör köttet till" som vi gör i våra tankar. Om "det som hör köttet till" utvecklas, leder det till att "köttets gärningar" visar sig i handling.

Att försöka göra sig av med all slags ondska

Medan jag låg på min sjukbädd, spelade jag ibland koreanska kortspel med mina grannar för att få tiden att gå. Inte ens efter att jag hade accepterat Herren förstod jag att spel och vadslagning var en synd eftersom jag inte kände till Guds Ord. Innan jag blev en troende, brukade jag vinna mestadels, men efter att jag hade accepterat Herren, började jag förlora och förlorade oavsett hur mycket jag än försökte göra mitt bästa. Jag insåg att Gud inte hade behag till kortspel och jag övervägde att sluta spela. Men en dag kunde jag inte motstå frestelsen och började spela kort igen, med lönen jag hade arbetat ihop under femton dagar. Jag spelade hela natten och förlorade alla mina pengar, vartenda öre. Nästa morgon försökte vi som hade förlorat pengar att åtminstone vinna tillbaka våra egna andelar. Då hörde jag ett välkänt ljud utanför. En pastor från församlingen kom för att besöka husägarens familj.

Jag hörde det men fortsatte tyst att spela vidare. Till slut förlorade jag alla mina pengar. Ljudet från lovsången hördes från ägarens lägenhet och det skar in i mitt hjärta. Efter att ha predikat budskapet lämnade pastorn platsen. "Eftersom en pastor kom, borde jag ha gått på hemmötet tillsammans med ägaren i huset. Hur kan jag gå till kyrkan nu när jag har det här på mitt samvete? Jag led i mitt hjärta. Jag började känna mig uttråkad på mötena och kunde inte be. Innan denna händelse hade jag varit lycklig i allt, till och med i mitt arbete som byggnadsarbetare, men nu fanns det ingen lovsång och tacksamhet i min mun. Jag kände mig bara anfäktad i mitt hjärta. Två veckor gick och jag hamnade i ångest. En natt öppnade jag mitt fönster och tittade ut. Jag kunde se Tooksum och Hanfloden sandbank. Lampor lyste över flodens vatten och det såg ut som röda kors. "Vad hände?" Jag fick en underlig känsla och tittade ner igen på lysena som såg ut som röda kors anrättade i en linje. "Varför ser ljusen ut som kors och inte som de gjorde förut?" Det var i den stunden som kärlekens Gud gav mig sin nåd från höjden, och jag kom ihåg att jag borde ha välkomnat pastorn från församlingen som kom till huset där jag bodde. Men mitt hjärta var besatt av pengarna jag hade förlorat och jag var tvungen att gömma mig för pastorn. Jag gick inte på hemmötet. Jag omvände mig under gråt och tårar. "Gud, jag kommer aldrig mer att röra de där korten igen." Efter att jag grundligen hade omvänt mig, gav Gud mig fullheten av den Helige Ande som jag hade förlorat. Eftersom syndens mur mot Gud var nedbruten, kändes det som om jag flög. Det hade varit två tuffa veckor, men jag hade kommit att verkligen förstå hur fruktansvärt det är att se på världen. Jag slutade helt med spelen.

Bad om att kasta bort synder begångna i tankarna

"Köttets gärningar" som är en handling kan kastas bort relativt lätt om vi har en fast beslutsamhet. Vi kan helt enkelt sluta att göra det som Bibeln säger till oss att inte göra och att bara göra det som Bibeln säger till oss att göra. Men jag kände svårigheter när det gällde två saker. Det var hat och otuktstankar. Dessa tankar kom in i mitt sinne oavsett av vilje eller inte, så jag kunde inte sluta oroa mig över dem.

Vid den tiden fanns det många människor som jag skulle vilja hämnas på. När jag låg på sjukbädden vägrade mina bröder låna pengar till mig för att kunna hyra ett rum; min svärmor hade kallat mig sin "handikappade svärson"; och min frus familj hade föraktade mig för att jag inte hade kunnat tjäna pengar. Jag kände ett djup hat emot alla dessa människor. Allt jag kunde tänka var, "När jag blir frisk, ska jag tjäna så mycket pengar och visa dem hur välbärgad jag är!"

Det verkade inte så lätt att älska mina fiender när jag hade så mycket hat och agg gentemot min frus familj. En annan sak var otuktstankar. Jesus sa att om vi ser på en kvinna med lust i blicken och har tankar om äktenskapsbrott i våra sinnen, har vi redan begått äktenskapsbrott med henne i vårt hjärta (Matteus 5:28). Jag hade inte begått äktenskapsbrott i handling men mitt sinne blev verkligen uppeggat när jag såg bilder på vackra skådespelerskor.

Om vi uppeggar den syndfulla naturen i vårt sinne genom att titta på bilder, filmer, Internet eller kvinnor på gatan, och om vi spenderar mer och mer tid på att ta in det, är det då inte äktenskapsbrott i Guds ögon? Jag var övertygad om att jag kunde hålla alla andra ord i Bibeln, men jag kände oro över dessa två saker.

Men på ett väckelsemöte talade predikanten om att vi kan ta

emot bönesvar på vad som helst om vi verkligen ber med tro. Jag trodde på att ingenting var omöjligt genom tro, så jag började fasta och be för att kunna göra mig av med den syndfulla naturen i mitt hjärta.

"Snälla Gud, hjälp mig att inte ha otuktstankar eller några felaktiga känslor, oavsett vilken kvinna jag ser."

Innan jag accepterade Herren, hade jag fotokalendrar med skådespelerskor hemma. Men när jag började förstå Guds Ord, hängde jag inte upp dessa i hemmet längre. Jag fastade och bad tills jag kunde kasta av mig den syndfulla naturen med alla otuktstankar från mig. Jag ville förhärliga Gud med Hans välsignelser. Jag ville att Gud skulle göra mig till en äldste i församlingen som skulle kunna hjälpa de behövande med Gudagivna ekonomiska välsignelser. Jag ville hjälpa till i missionärsarbetet och ge äran till Gud genom de välsignelser Han ger till mig, så mycket jag vill ha. Efter att vi hade flyttat in i ett hus med ytterligare ett rum startade jag en liten butik som lånade ut serietidningar och böcker. Min fru gick ut för att sälja kosmetik och jag höll ensam i butiken. Mina bröder såg min fattiga situation och erbjöd att hjälpa mig så att jag kunde göra något annat, men jag nekade. "Efter att Gud har renat mig, kommer Han att ge mig välsignelser." Om jag hade accepterat hjälp från mina bröder i tider av nöd, vad skulle jag då säga till mina bröder i framtiden när jag hade fått ekonomiska välsignelser av Gud?"

Jag var tvungen att vägra ta emot deras hjälp för att kunna leva av Guds vilja. Mina bröder skulle sannolikt sagt något som "Vad då, välsignelser från Gud? Det är för att vi hjälpte dig när du var i nöd, som gjorde att du överlevde."

Tre år för att kasta av mig otuktstankar

Serietidningsbutiken kunde skötas utan mycket kapital. Jag fastade och bad under tre dagar för att kunna få flytta till en större lokal. När fastan var över tittade jag på en lokal i Keumho Dong Teater. Jag tyckte om den och skrev på kontraktet. Jag öppnade den nya butiken, och eftersom det fanns många barer i området, var många av mina stamkunder kvinnor som arbetade i barerna.

Jag kommer ihåg speciellt en kvinna som alltid brukade sätta sig bredvid mig varje gång hon kom in i butiken. När hon gjorde det ställde jag mig upp direkt och gick därifrån. Om en kvinna uppträdde på ett förföriskt vis, undvek jag henne. Deras reaktioner varierade och mitt hjärta skakades inte alls längre.

"Ser du ner på mig för att jag arbetar i en bar?"

"Är du gjord av sten? Har du inga känslor?"

"Snälla, kom och besök mig på mitt arbete så ska jag ge dig gratis drinkar."

Där fanns många slags frestelser, men jag tillät inte mitt hjärta att bli hänförd av dem. Jag tog inga chanser, och detta blev min styrka. Senare kunde jag känna att den syndfulla naturen med otuktstankar försvann helt och hållet. När jag bad blev det min styrka och kraft att jag övervunnit frestelser med mina handlingar, och otuktstankarna blev fullständigt uppdragna med rötterna. Det var bönesvaret jag tog emot efter ca tre års tid sedan jag hade börjat be om att göra mig av med otuktstankar från mitt hjärta.

Min Enda Önskan

Bibeln borde ha bara ett svar

Min ärliga längtan var att fullständigt förstå orden i Bibeln och jag ville leva av dem helt och hållet. Så närhelst jag hörde att det pågick väckelsemöten gick jag dit för att ta emot Guds nåd.

Eftersom det fanns många verser som jag inte kunde förstå i Bibeln, brukade jag se till att kunna gå på de mötena. Under predikan var jag väldigt glad över att jag kunde förstå Guds Ord. Och för att det alltid hölls möten i bönecenters gick jag på de mötena också.

Men eftersom det fanns många bibelavsnitt som var svåra att förstå, ställde jag många frågor till min pastor. Men för vissa frågor kunde han inte ge mig tydliga svar.

"Pastor, viken bok kan snabbast ge mig tydlig förståelse om Guds vilja?"

"Broder Lee, om du så gärna vill förstå Bibeln, kan du läsa

böcker med bibelkommentarer som förklarar och tolkar Bibeln." Jag var så glad över att höra det. Jag hade så mycket skulder på den tiden och det var svårt att spara ens en krona, men på något sätt kunde jag sätta av pengar för att köpa en sådan. Jag läste kommentarerna bedjande på berget, men vissa delar var fortfarande svåra att förstå. Jag kunde inte riktigt få full förståelse och jag kände mig frustrerad. Kommentarerna vittnade inte helt om Guds ords sanningsenlighet utan ansåg att vissa delar faktiskt var myter. Och att läsa om olika sorts tolkningar tog snarare bort tron. Senare läste jag andra böcker med bibelkommentarer men varje bok hade olika tolkningar. Bibeln måste kunna ha ett svar, men kommentarerna skapade bara ännu mer förvirring.

Gud, förklara Bibelns Ord för mig!

1976 var året då jag verkligen gick in för att förstå Guds vilja genom Hans Ord. Jag hörde något som förvånade mig från en annan församlingsmedlem som hade varit på ett väckelsemöte i Daegu.

"En pastor hade två gånger fastat i 40 dagar och en ängel hade uppenbarat sig för honom och förklarat Bibeln för honom under tre år." Den stunden jag hörde de orden, började mitt hjärta brinna och det kändes som om eld kom över mig. Det kan ha låtit absurt att en ängel förklarade Guds Ord, men jag kunde tro på det. Jag hade ett sinne för att tro och be. Då började jag be utan uppehåll till Gud.

"Gud, jag tror på alla 66 böcker i Bibeln. Bibeln är Guds Ord nedskrivet genom den Helige Andes inspiration, så tala till mig och förklara de 66 böckerna för mig eller ge mig förklaringarna genom en ängel, eller Herre, kom till mig och ge mig förståelse."

Om det fanns delar i Skriften som jag inte förstod, kunde jag inte förstå Guds vilja. Bara när vi förstår den sanna betydelsen av Bibeln, kommer vi att kunna leva i enlighet med Guds vilja. Bara när vi förstår Guds Ord korrekt kan vi på ett ordentligt sätt hålla Hans Ord.

Eftersom jag var så desperat över att förstå betydelsen av Guds Ord på ett korrekt sätt, bad jag ivrigt. Gud ledde mig till att be så mycket och rörde vid mitt hjärta att offra fasta till Honom. När jag inte arbetade på byggnadsplatsen gick jag upp på ett berg och bad. Mina böner handlade om att be Gud förklara Bibeln för mig. Jag fortsatte så under många år.

Guds försiktiga händer

Inom några månader hade jag lärt mig att driva butiken och med den tro som jag vann kände jag att jag kunde göra vad som helst. Med butiken jag hade då, fick jag knappt någon vinst, men jag kunde inte förvänta mig mer heller. Även fast jag inte hade mycket pengar, hade jag tro för att göra vad som helst, och jag ville utvidga min butik. "Gud, låt mig få flytta till en bättre plats."

På den tredje dagen efter att jag börjat be så, kom en person till mig och undrade om jag kunde överlåta butiken till honom. Vid den tiden var han ägare till en större butik. Jag överlät butiken till honom för 150,000 won (1050 kr) och förutom de 50,000 won som jag hade använt för att inreda butiken, fick jag 100,000 won i vinst. Efter att min fru och jag hade fastat i tre dagar besökte vi en annan butik i ett närliggande område. Det var en butik som hade bra omsättning och den var till uthyrning för 500,000 won, inklusive överlåtningskostnad och hyra. Jag skrev på kontraktet med de 100,000 won som jag hade men jag skulle fortfarande betala 400,000 won till. Det var en stor summa pengar för mig på den tiden. Jag blev påmind om två församlingsmedlemmar och bad min fru låna lite pengar av dem. Men de vägrade direkt. Min fru lånade 150,000 won från våra grannar men vi kunde inte få tag på de återstående 250,000 won. Vi frågade ägaren till byggnaden och kom överens med honom om en avbetalning på de 250,000 won med ränta.

Församlingsmedlemmar ska inte utväxla pengar med varandra. Senare förstod jag Guds Ord på det här området och orsaken till varför Gud inte lät mig låna pengar från församlingsmedlemmarna. Det var för att det inte var Guds vilja att man ska låna pengar av eller till församlingsmedlemmar. Till och med bröder av kött och blod kan bli fiender på grund av pengar. Om vi lånar eller ger lån i församlingen kan fienden djävulen lätt arbeta och Gud vill inte ha det så. Så i min församling undervisar jag om att inte låna eller låna ut pengar mellan varandra. Men jag kunde se att när vissa medlemmar var olydiga och lånade ut eller lånade pengar mellan varandra föll de i prövningar och svårigheter. Vi som är bröder i tro ska inte ha någon annan skuld till varandra än kärleksskuld. Med vinsten vi fick från butiken, kunde vi betala av räntan på vår skuld men vi kunde aldrig betala av hela skulden. Det fanns många människor i centrum som drev liknande serietidningsaffärer i stor skala som ett stort företag. Jag bad till Gud för min dröm om att få en större butik.

Ledd till vägen av ekonomiska välsignelser

På den tiden fanns det en berömd butik på Keumho Dong

marknadsplats som var omtalad som den butik som hade störst försäljning i området. Den butiken var för uthyrning och bara överlåtningskostnaden var 1 miljon won (7000 kr), på det tillkom hyran. Då var en arbetares dagslön bara 1,500 won (105 kr), så detta var en stor summa pengar för mig. Ägaren sa att han kunde sänka priset till 950,000 won, men inte mer än det. Men senare fick jag veta att 20 dagar efter att jag hade besökt honom hade ännu ingen annan kommit för att titta på butiken. Någon sa att jag skulle kunna förhandla med ägaren eftersom han ville sälja butiken så fort som möjligt på grund av personliga skäl. Jag hade bara 500,000 won. Det var praktiskt taget omöjligt att förhandla på den nivån. Efter att jag hade bett ivrigt en natt gick jag till honom för att förhandla. Jag bad honom ge mig butiken för 500,000 won, eftersom det var allt jag hade. Han tänkte över det en liten stund och sa sedan att vi kunde komma överens om 550,000 won.

Till slut skrev vi kontrakt och priset blev 500,000 won. Jag gick med på att betala säkerhetsdepositionen tillsammans med den månatliga hyran. Så vi flyttade butiken till marknaden i Keumho Dong. Så snart vi hade öppnat butiken fick vi många kunder. Många människor började säga att de hade velat överta butiken men att de inte visste att den var till uthyrning. Några av dem föreslog att jag skulle överlåta butiken till dem för 1,2 miljoner won. Jag talade med min fru om det eftersom det skulle innebära att vi skulle kunna köpa ett hus för de pengarna. Men vi kände inte frid över det alls eftersom Gud hade lett oss till denna plats genom Hans vilja.

Så vi beslutade att vi skulle betala av alla skulder med vinsten vi fick från butiken. I juli 1977 öppnade vi butiken och startade affärerna. Vi stängde den på söndagar och tillät inga studenter komma in som rökte eller drack. Eftersom min familj sjöng lovsånger i hemmet på den tiden kunde människor höra deras lovsånger i butiken. Mer kunder kom än då den förra ägaren hade haft butiken. Vi hade den öppen under dagen och bad på nätterna. Det var vår dagliga rutin.

Bli Tränad för att Urskilja Den Helige Andes Röst

I Osanri Bönehus

Som en hjort som längtar efter vattenbäckar, törstade jag efter att förstå Guds Ord ännu mycket djupare. 1977 var jag på ett möte i Osanri Bönehus. Det var där jag hörde Guds röst för andra gången. Jag lyssnade på predikan från pastorn och han sa, "Eftersom Gud ger oss visdom att göra mediciner, är det Guds vilja för oss att uppsöka sjukhus och ta mediciner." Jag kunde inte acceptera det med ett "Amen". Det var helt emot min erfarenhet med Gud den Allsmäktige som kunde göra vad som helst. Efter mötet gick jag in i ett bönerum och ropade längtansfullt ut i bön, "Gud, är det din vilja eller inte att ta mediciner?"

Jag vet inte hur lång tid som gick. Plötsligt hörde jag Guds röst som sa, "Slå upp 2 Krönikeboken kapitel 16". Jag öppnade Bibeln och det handlade om Israels kung Asa. I början av hans regeringstid förlitade han sig bara på Gud. Han vann alltid sina strider och hade en period av fred. Men senare i hans regeringstid förlitade han sig inte på Gud utan på andra arméer. Han förlorade strider, och han tillfångatog till och med en profet som pekade ut hans misstag. Då fick Asa en sjukdom i sina fötter. Sjukdomen var allvarlig, men inte ens i sin sjukdom sökte han Gud utan istället läkare, och två år senare dog han. Genom detta kapitel blev jag övertygad om att Gud vill att Hans barn ska ha en fast tro på och förlita sig endast på Honom, och inte sätta sin förtröstan eller tillit till någonting i världen.

Tränad i att höra den Helige Andes röst

Guds röst och den Helige Andes röst måste kunna urskiljas. I mitt fall hördes Guds röst bara vid särskilda tillfällen. Jag har bara hört den vid ett fåtal tillfällen. Den Helige Andes röst hörs mer och mer tydligt när vi accepterar Jesus Kristus, tar emot den Helige Ande och fortsätter att be ivrigt för att kasta bort alla synder, ondska och köttsliga tankar.

Jag började höra den Helige Andes röst redan då jag var en ny troende. En gång när jag var på ett möte i kyrkan tillät Gud mig att ta emot träning i att höra den Helige Andes röst. Under söndagens morgongudstjänst fick jag en stark ingivelse i mitt hjärta medan jag uppmärksamt lyssnade på predikan. Jag fick ingivelsen att ge 30,000 won till en speciell pastor i församlingen. Jag bestämde mig, "Gud, jag kommer få tag på 30,000 won och ge det till pastorn!"

Det var under mötet som jag bestämde mig för detta. Men när jag efter mötet kom ut på gatan, kom andra tankar in i mitt sinne. I verkligheten var 30,000 won mycket pengar för mig. Jag tänkte att om jag hade dem skulle jag ge dem till honom. Men var kunde jag få tag i pengarna? Den familjen verkade ha det bättre ställt än min. Kanske jag hade några lata tankar under mötet, men jag glömde bort det.

Men nästa dag besökte pastorns svärmor, som var en diakonissa i församlingen, min butik på marknaden i Keumho Dong. "Min dotter hade förlossningsvärkar hela natten. När hon kom till sjukhuset behövde vi akut få tag på 30,000 won. Det var svårt att få tag på pengarna. Det var knappt så det gick, men till slut kom jag till sjukhuset med dem. Hon hade mycket svåra förlossningsvärkar." Jag blev chockad av hennes ord. "Diakonissa, när jag var på söndagens morgongudstjänst rörde den Helige Ande vid mitt hjärta, men jag lydde inte. Jag trodde det var mina egna tankar och glömde bort det. Men det var det här det handlade om.

Jag omvände mig direkt, och bestämde mig för att lyda nästa gång. Jag tänkte, "Jag hörde den Helige Andes röst, men jag lydde det inte och det orsakade detta resultat". Om jag hade lytt rösten, skulle jag lätt ha fått tag på de 30,000 won som Gud redan hade förberett, och pastorsfamiljen skulle inte ha behövt lida hela natten på grund av den summan pengar. Jag hade fått ta emot sådan överflödande välsignelse för min lydnad till Gud. Jag ångrade att jag inte hade lytt utan istället följt mina egna tankar. Genom att gå sedan gå igenom ännu mer träning av samma slag, kom jag att lära mig att skilja mellan den Helige Andes röst och mina egna tankar.

Lära sig att förstå vikten av lydnad

Jag lärde mig också att det är mycket viktigt att lyda Guds vilja genom en specifik händelse. Jag tjänade troget i församlingen och en dag ringde min pastor mig. Han sa, "Vi har för få söndagsskollärare. Skulle du kunna undervisa barnen?" Mitt svar var nekande, "Pastor, jag är ledsen, jag tror inte att jag kan undervisa barn. Jag har ingen erfarenhet av att gå i söndagsskola. Jag kan göra det när jag bli mer förvissad om att jag kan göra det." Jag visste att jag borde lyda pastorn, men jag kände mig så inkompetent att jag avvisade hans förslag. Jag kunde aldrig föreställa mig att en sån liten sak kunde bli till en stor mur av synd mellan Gud och mig. Jag bad ivrigt, "Gud, ge mig gåvan att tala i tungor."

Jag såg andra människor som flödade i tungomålstal, och jag var avundsjuk på dem. Jag fortsatte att be om gåvan att tala i andra tungor, men jag kunde inte ta emot den. En dag hörde jag att jag lätt kunde ta emot gåvan att tala i tungor på Han Ol San Böneberg. Jag gick dit och var med på ett möte, men gåvan kom inte över mig. Men i budskapet som predikades av Pastor Chun Suk Lee, sades det skämtsamt, "Till och med min hund talar med andra tungomål så de som inte har tagit emot gåvan av tungomål är inte bättre än min hund". När mötet var slut kände jag att jag inte var bättre än en hund och sparkade stenar som låg framför mig. Jag hoppade till och med över lunchen och gick upp i dalen. Jag höll om ett träd och bad till Gud om att ge mig gåvan att tala i tungor. Men plötsligt fick jag en minnesbild genom mitt sinne. Trots att jag inte hade känt att jag skulle klara av att ta hand om söndagsskolan skulle jag ha sagt "ja" när min pastor frågade mig om att bli söndagsskolelärare. Gud skulle ha hjälpt mig i min lydnad. Men jag hade varit olydig.

"Gud, förlåt mig för min olydnad mot min pastors ord. Jag

kommer aldrig mer vara olydig igen."

Så snart jag hade förstått detta började jag omvända mig från djupet av mitt hjärta. Då började jag plötsligt tala i tungor. Det var vad jag hade längtat efter så länge! "Gud, tack så mycket!" Jag förstod då att lydnad är bättre än offer och hur det behagar Gud när vi är lydiga. Genom denna händelse beslutade jag mig för att ovillkorligen lyda Guds vilja utan att tänka på verkligheten i situationen. Men för mig, som djupt i mitt hjärta hade lärt mig betydelsen av lydnad, fanns det en sak som skulle bli riktigt svår för mig att lyda.

Kapitel 4

Guds Kallelse

Herre, Hur Kan Du Utvälja en Person Som Mig?

En dag i maj 1978 hörde jag Guds röst när jag var i bön, och det var som ett mäktigt dån. Han sa,

"Min tjänare som jag har utvalt sedan före tidernas begynnelse! Jag renade dig under tre år, och nu, utrusta dig själv med Ordet i ytterligare tre år. Jag kommer att använda dig. Du kommer att gå över berg, korsa floder och hav för att predika evangeliet, och jag kommer att vara med dig och du kommer bli min tjänare för att visa alla nationer genom tecken och under, att jag är den levande Guden."

Hans klara och mäktiga röst fortsatte,

"Jag har utvalt dig sedan före tidernas begynnelse, och sedan du var i din mors sköte, har jag själv bevarat dig

med mina vakande ögon och lett dig ända tills nu. Din fru kan ta hand om din butik, och nu, börjar du vandra på vägen för att bli min tjänare. Du kommer att tjäna mer än när ni båda arbetade. Pengarna i din plånbok kommer aldrig att ta slut och din gryta kommer aldrig vara tom, utan alltid flöda över. Du kommer att hjälpa de behövande. Det är Gud som har låtit dig nå den lägsta punkten, och det är också Gud som har lett dig ända tills nu, och Han kommer att fortsätta att leda dig vidare. Du kommer att kunna förstå varför jag placerade dig på den lägsta punkten. Med min kraft kommer jag att lyfta dig till den högsta positionen. Du älskade mig först och mer än dina föräldrar, dina barn, ja till och med din fru. Du älskade endast mig. Därför kommer jag ge dig tillbaka ett gott mått, packat, skakat och som flödar över, och ett hundra gånger mer. "

Jag lyssnade på dessa ord med fullheten och inspirationen av den Helige Ande och tog emot det med ett "Amen". Men när jag tänkte på det igen, var det något som var verkligt förundransvärt. Min dröm tills den dagen hade varit att bli en äldste som kunde uppsöka och hjälpa dem som led i samma sorts sjukdomar och fattigdom som jag hade varit i tidigare. Så hade jag bett om något felaktigt hittills? Jag hade så mycket skuld att betala av och vi var fortfarande tvungna att vända på varenda krona. Jag hade inte tillräckligt med minnesstyrka så hur skulle jag kunna klara av att studera vid ett teologiskt seminarium? Vad skulle hända med familj? Jag oroade och bekymrade mig hela tiden. Jag kunde inte lyda i min situation, men på den tiden var ordet för stort för att vara olydig mot. Allt jag kunde tänka var, "Om det är Din vilja, låt mig höra Din röst en gång till."

Jag pratade med min fru om det, och lämnade över allt som hade med butiken att göra till henne att ta hand om helt och hållet. "Kunde det finnas någon möjlighet att jag hade misstagit mig om att jag hade hört Guds röst? Finns det något som skulle kunna gå fel?" Jag började tvivla på att jag hade hört Guds röst. Jag började be till Gud igen. "Gud, jag har bett om att få bli en äldste, men Du säger att jag ska bli Din tjänare! Jag är en sån introvert person att jag inte ens kan tänka mig att predika inför andra människor. Jag är också redan ganska gammal. Jag har inte ens ett bra, starkt minne och jag är inte bra på att skriva prov." Men om Gud fortfarande ville att jag skulle bli Hans tjänare trots alla dessa begränsningar, frågade jag Honom, "Låt mig få höra Din röst än en gång."

Sedan gick jag till bönecenters för att höra Guds röst igen. Jag bad i en vecka, men fick inget svar. Jag gick till några Herrens tjänare som hade rykte om sig att kunna profetera, men det fanns inga profetiska svar för mig. Jag gick runt från böneställe till böneställe på bergen och spenderade hjärtslitande dagar för att försöka få reda på om det verkligen var Guds vilja för mig att bli Hans tjänare, speciellt en pastor. Tre månader gick, och jag gav nästan upp och gick hem i förtvivlan. På lördagen kom min pastor för att besöka mig i min butik. Det skulle vara min tur att be representationsbönen, men jag hade inget självförtroende att göra det. Jag sa rakt ut till honom, "Pastor, jag har inte tagit emot svar på min bön som jag har haft i flera månader. Jag kan verkligen inte be på söndagsmötet." Han sa bara, "Diakon, du måste ändå göra det."

Fick höra Guds röst

Min pastor sa att jag måste be representationsbönen på mötet, men jag kunde inte säga "Amen" i mitt hjärta. Efter att vi hade stängt butiken för dagen låste vi och gick därifrån. Eftersom det var tungt regn ute beslutade min fru och jag oss för att be hemma istället för att gå till kyrkan. Vid midnatt lade vi ett lakan på golvet och böjde knä och började be och prisa Gud. Jag bad med slutna ögon, men plötsligt såg jag en vision. Taket verkade öppna sig och ljus vällde ner från himlen.

Det kändes som om taket var borta och det var vidöppet uppåt. Och då, precis som det står skrivet i Uppenbarelseboken, hörde jag rösten som var full av dignitet och som lät som dånen av väldiga vatten, ändå väldigt klar och lugn som sa, "Be representationsbönen imorgon". Det var ett svar, men det var inte alls det som jag hade bett om, utan om jag skulle bli en Herrens tjänare eller inte. Denna gång var rösten varm, mjuk, auktoritativ och svår att vara olydig mot. Ändå var den fylld av kärlek och barmhärtighet.

Jag kan fortfarande känna den tydliga rösten, men med ord blir det omöjligt att förklara. Jag hörde denna röst och all förtvivlan smälte bort som snö. Alla köttsliga tankar försvann och jag blev fylld med den Helige Ande. Jag var så fylld av den Helige Ande att det kändes som om min kropp var lätt som bomull och som om jag kunna flyga. Det kändes som om jag skulle ha kunnat gå igenom taket om jag hade velat det. Glädje, tacksamhet och lycka överflödade från djupet av mitt hjärta. Då tänkte jag att det måste vara så här det kommer att bli när Herren kommer tillbaka igen och vi blir uppryckta på skyarna! När jag öppnade mina ögon, var ljuset borta, och taket var där det alltid hade varit.

Min fru som satt bredvid mig hade inte hört rösten, men hon hade också blivit uppfylld av den Helige Ande, och hon var medveten om att jag hörde Guds röst i det klara ljusskenet. Vi prisade Gud hela natten och gav Honom ära i böner.

Bli full av den Helige Ande

Tidigt nästa morgon gick jag till kyrkan och kontrollerade mötesordningen. Jag var fortfarande uppskriven för att be som representant för församlingen inför Gud på mötet. Efter nattens upplevelse kändes min kropp fortfarande så lätt att jag skulle kunna flyga trots att jag satt ner. Hur fantastiskt förundransvärt detta var! Från den stund då jag bad genom mikrofonen var mina läppar inte längre mina läppar. Den Helige Ande fullständigt tog över mitt hjärta och tankar. I inspirationen från den Helige Ande skakade jag under bönen. Med klar inspiration kom böner in i mitt sinne som en flod och även om jag hade önskat hade jag inte kunnat sluta.

Det var överraskande till och med för mig eftersom bönen tillrättavisade medlemmar i församlingen i det att det kom ut. "Ve er som stjäl tionde från Gud. Ni män med envisa hjärtan som inte tackar Gud! Ni säger att ni tror på Gud men er tro är förgäves."

Jag kunde knappt kontrollera mig själv och jag bad i mer än 10 minuter. På den tiden började man höra folk mumla över att bönen var för lång om bönen pågick mer än tre minuter. Jag återvände till min stol efter bönen, men jag kunde inte titta pastorn i ögonen. Jag visste inte vad jag skulle göra. Allt jag kunde tänka var, "Vad händer nu? Hur kunde en diakon våga tillrättavisa hela församlingen i kyrkan!"

Men direkt efter att mötet var slut kom pastorn till mig och sa, "Jag blev berörd av din bön". Han brukade normalt inte ge några kommentarer, men ändå kände jag mig fortfarande blyg och försökte gå därifrån hastigt och så omärkbart som möjligt. Men många började hälsa på mig och säga, "Diakon, du var helt och hållet inspirerad av den Helige Ande. Jag blev berörd av din bön."

Bara med lydnad

Slutligen fick jag förvissning om att Gud hade kallat mig till att bli Hans tjänare. Jag bekände och sa, "Gud, eftersom Du har kallat mig som Din tjänare, kommer jag att gå den vägen. Men Gud, ta hand om allting som jag bekymrar mig över som t ex det teologiska seminariet, mitt minne och allt annat."

Vid en ålder av 36 var jag övertygad om att Gud hade kallat mig som sin tjänare, och genast hyrde jag ett rum och började leva för mig själv. Det var bara fem minuter från mitt hus. Jag fastade och läste Bibeln noggrant och bad till Gud om att ge mig ett effektivt och starkt minne. Jag ville korsfästa köttet med alla dess passioner och begär. Jag bestämde mig för att endast följa Guds vilja som Hans tjänare. Det var inte lätt att dra mig undan från min familj men allt detta blev gjort med den Helige Andes ledning. Jag konsulterade min pastor i Oksu Dong Church, församlingen som jag gick till vid den tidpunkten. Jag bestämde mig för att studera teologi på Sung-Kyul Theological Seminary och började läsa för inträdesprovet.

Dagen kom äntligen och jag gjorde provet. Jag skrev svaren på de bibliska frågorna men i de andra ämnena ville jag inte skriva ofullständiga svar, så jag skrev bara ner mitt namn och lämnade in ett tomt blad. Under intervjun frågade studierektorn mig varför jag hade lämnat in ett blankt prov, förutom på de frågor som rörde Bibeln. Jag förklarade för honom om hur jag hade förlorat min minnesförmåga.

"Hur ska du kunna bli pastor utan någon minnesförmåga?" frågade han mig.

Jag svarade, "Gud förde mitt liv in på den här vägen."

"Ja, du fick alla rätt på delprovet om Bibeln!", utropade han.

Jag var den enda som fick alla rätt på delprovet om Bibeln. Eftersom jag hade alla rätt på det delprovet klarade jag intagningsprovet. Det innebar att jag faktiskt hade klarat av intagningsprovet trots min oro om att inte klara det och kunna börja på seminariet.

Gud Låter Oss Skörda Vad Vi Sår

Livet på Seminariet

Guds tjänare måste leva ett liv som är synbart annorlunda mot resten av världen. Men mina klasskamrater på seminariet följde trenderna i världen. Efter lektionerna brukade de träffas på kaféerna för att prata om världsliga ting. Helgdagarna brukade man spendera på nöjen istället för att be och läsa Bibeln. Jag brukade ge dem råd att inte slösa bort tiden på det sättet utan att koncentrera sig på böner istället, men ingen ville lyssna på råden. Det föll sig naturligt att jag blev ensam och åtskild från resten av mina klasskamrater.

Jag var 37 år gammal när jag 1979 började seminariet och redan första året bad jag till Gud om att ge mig ett namn för församlingen jag skulle starta. Min syster sa till mig att hon skulle hjälpa mig att starta en församling så jag letade efter olika lokaler, men inget öppnade sig.

Behagar Gud genom att förvara i Himmelriket

Jag trodde Gud om att Han skulle låta mig få skörda vad jag sådde och belöna mig tillbaka i enlighet med mina handlingar, så jag försökte alltid samla mina rikedomar i himmelriket. Även när jag arbetade som byggnadsarbetare brukade jag, om jag fick nåd i väckelsemötena, ge tacksamhetsoffer av hela mitt hjärta. Om jag inte hade pengar brukade jag ge ett löfte till Gud som skulle ges inom en viss tid. Jag såg självklart till att jag höll alla mina löften. När jag inte hade pengar att ge mina löften tog jag lån för att vara säker på att löftet till Gud uppfylldes.

När jag gick inför Gud, gick jag aldrig dit tomhänt. Närhelst jag hade inkomst gav jag mer än en tiondel av det som tionde. Jag gav ofta två eller tre tiondelar av min inkomst. Jag kände aldrig att det var ett slöseri att ge till Gud, så jag ville aldrig räkna ut hur mycket jag skulle ge till Honom.

En dag besökte min pastor mitt hem. Han kände inte till vår svåra ekonomiska situation och att vi hade så mycket skuld. Han förklarade att församlingen hade stora behov och frågade om vi kunde utöka vårt utlovade givande till församlingens byggnadsfond. Vi sa ja till det med orden, "Amen. Jag ska göra det." Med glädje gjorde vi som pastorn bad. Trots att vi hade skulder, gav vi ytterligare ett löfte efter pastorns förfrågan, så vi var tvungna att ta ytterligare ett lån. Vi försökte lägga i förvar i himlen på detta sätt. När tiden var mogen öppnade Gud en port av välsignelser.

Följa Guds vilja till och med i ett litet företag

Det var en person som regelbundet brukade leverera

seriesböcker till min butik, och han visste inte vad han skulle säga om att jag hade stängt varje söndag. Han sa att min butik skulle gå i konkurs. Trots att det var ett litet företag hade Gud behag till vår butik och välsignade oss storligen för att vi helgade sabbaten ordentligt och gav tionde och offer som man skulle. Butiken var alltid full från morgon till sena kvällen. Många människor kom för att lära sig något från oss eftersom nyheterna spreds till omkringliggande områden av staden. Men de blev bara mer nyfikna eftersom vi stängde varje söndag och övernattningsmöjligheterna var inte goda. Vi hade inga vuxentidningar och rökning var strikt förbjuden. På det sättet upprätthölls en god och hälsosam miljö. Därför kom många goda studenter till vår butik.

Vad var hemligheten bakom framgången med vår butik? Det var för att vi tog emot Guds välsignelse på grund av att vi stängde butiken för att gå till kyrkan, och det svaret gav vi till alla som undrade det, men det var svårt för icke-troende att förstå. Vi brukade evangelisera bland kunderna när butiken var öppen. När jag startade församlingen, kom de med mig och blev de första medlemmarna i missionsgruppen för unga vuxna.

Flera månader efter att vi hade öppnat butiken kunde vi betala av all vår skuld, vilket egentligen var alldeles för mycket för oss att betala av så snabbt. Det var innan jag började på seminariet. Vi betalade tillbaka all vår skuld och nu kunde vi fritt och för intet ge offer i församlingen vi gick till. Vi försökte hjälpa familjer som var i behov. När vi hade picknick på seminariet förberedde jag lunch till många professorer och studenter. På söndagar gav vi mat till körmedlemmarna. I hemlighet hjälpte vi seminariestudenter som hade behov. Vi bodde bara i ett hyreshus men vid festliga tillfällen och speciella högtider bad jag min fru se om någon i staden behövde något. Om en familj var för fattig för att förbereda mat för festligheterna, bad jag henne ge dem riskaka och mat, även om de inte var troende. Det var inte för att vi hade det bra ekonomiskt. Vi gjorde det bara genom tro. Efter att vi hade sått på det sättet, brukade Gud låta oss få skörda vad vi hade sått och redan nästa dag låta oss få mer inkomst än andra normala dagar.

Gud väckte upp mig under en 200-dagars bönenattperiod

Efter att jag hade accepterat Herren kompromissade jag aldrig med världen oavsett situation. Jag försökte att strikt följa Guds lag till den grad som jag förstod Guds Ord. Under de fyra åren som jag gick på seminariet bad jag alltid på nätterna och fastade regelbundet. Under loven packade jag min väska och gick upp på bergen för att be. Vid andra tillfällen gav jag ofta Gud bönenätter. Jag bad från midnatt till klockan fyra på morgonen, och jag var aldrig försenad under den tid jag hade lovat Gud, inte ens en minut.

Efter bönen gick jag tillbaka till mitt rum och sov till klockan sju. Min dotter Miyoung, som då gick i grundskolan, kom med frukost till mig klockan 7.20. När jag kom hem från skolan gjorde jag mina läxor. Ibland tog jag också hand om butiken. Det fanns så mycket att göra. Eftersom detta liv fortsatte på det sättet blev jag trött. Jag somnade klockan fem på morgonen och klockan sju var det svårt att gå upp. Då började Herren väcka mig klockan sju.

"Pappa!" hörde jag min dotter ropa utanför. Hon kom med

frukosten.

"Är det du, Miyoung?" Jag var säker på att jag hade hört min dotters röst, så jag öppnade dörren, men ingen var utanför. Jag tittade runt efter henne, men kunde inte finna henne. Efter att jag hade tvättat mitt ansikte hade 20 minuter gått och det var då som Miyoung kom. Nästa dag skedde samma sak. Klockan sju hörde jag "Pappa!" Jag öppnade dörren, men ingen var där. Då förstod jag att Herren väckte mig genom en ängel.

Men efter ett tag blev jag mindre känslig för det. Till slut kunde jag inte ens gå upp när jag hörde rösten ropa på mig, "Pappa!" Då började Gud använda en annan metod. Nu lät det som många människors fotsteg hördes utanför min dörr, men när jag öppnade dörren för att se efter fanns det ingen där. Det var precis klockan sju.

Då jag offrade en 100-dagars bönenattsperiod, hörde jag på den 90:e dagen nyheter om att min svärfar hade dött. Jag åkte med min fru till hennes föräldrars hem i Mokpo. Vi bad tillsammans där från midnatt till klockan fyra på morgonen. När begravningen var över kom vi hem igen och gjorde färdigt den utlovade bönen, men jag var inte nöjd. Det kändes som om jag inte riktigt kunde behaga Gud. Så jag påbörjade ytterligare en 100-dagars bönenattsperiod och avslutade den. Det hade blivit en 200-dagars bönenattsperiod av löfte om bön inför Gud.

Kasta de där pengarna i toaletten

Min familj visste mycket väl att jag inte kunde acceptera något som var emot Guds Ord. Men en söndag ville min fru och våra tre döttrar köpa något att äta efter söndagsmötet. Min fru försökte läsa mitt ansiktsuttryck när hon sa,

"Barnen vill ha något slags ätbart. Vi vill köpa något att äta."

"Döttrar, vill ni verkligen ha något att äta?" frågade jag.

"Ja!" svarade alla tre ivrigt.

Mina tre döttrar trodde att jag skulle tillåta det just den dagen, trots att de visste att det var söndag. Jag sa till dem att hämta pengar från byrålådan. De hämtade pengar för att kunna köpa något.

Då sa jag till dem, "Ni tre, gå till toaletten och kasta de här pengarna där". De kastade bort några hundra won (15-20 kronor i dagens värde) och kom tillbaka.

"Vet ni varför jag sa åt er att göra så?"

"Ja, det gör vi." svarade alla tre.

Jag fortsatte med att säga, "Söndagen är sabbatsdagen. Gud förbjuder köpande och säljande denna dag. Vill ni bryta Guds befallning? Om ni inte kan övervinna en liten frestelse som att äta något, kommer den att komma tillbaka två och sedan tre gånger. Gud kommer inte att vara nöjd med det. Ni har redan brutit mot sabbaten när ni kom och frågade om ni kunde köpa något att äta. Det är nämligen samma sak som att ni redan i era hjärtan har köpt och ätit snacks. Därför sa jag till er att kasta bort pengarna. Senare avslöjade mina döttrar att denna händelse blev djupt rotad i deras hjärtan och blev till stor tro för dem.

Många människor samlas och trängs

Eftersom butiken låg i ett hörn på en trafikerad gata, kom inte bara våra kunder utan också pastorer och medlemmar i församlingen besökte oss regelbundet. När jag gick på seminariet, kom några diakonissor för att boka tid för rådgivning hos mig. De sa till mig att några troende höll på att skapa någon slags kreditkassa. Jag rådde dem att inte gå med i gruppen med orden,

"Jesus sa att Guds tempel är ett bönehus och tillrättavisade säljarna som sålde saker i templet. Det är inte rätt att göra något som söker ekonomiska fördelar i kyrkan. Gud säger till oss att vi inte ska stå i skuld till något utom i kärlek, så vi måste se till att vi inte utväxlar pengar i kyrkan. Om pengar är involverade i en relation kommer Satan använda det, och församlingen kommer få ett problem".

Snart orsakade kreditkassan många problem och försatte församlingen i en svår situation. Sedan jag startade församlingen har jag förbjudit all slags basar och försäljning, oavsett vilket syfte de hade. Jag har alltid lärt medlemmarna att inte ha något ekonomiskt utbyte bland troende. När nyheterna om rådet jag gett till dem som hade konsulterat mig spreds, började många människor komma för att ta emot rådgivning. En troende var skallig och kom med en sjal på huvudet men efter några månaders bön hos mig växte hennes hår ut och hon tog av sig sjalen från sitt huvud.

Det fanns en troende som ibland brukade gå till en spåkvinna och som inte höll sabbaten ordentligt. Han var med i en trafikolycka och kom till mig och frågade mig om jag kunde be för honom för han hade stor smärta efter trafikolyckan. Efter att jag uppriktigt hade bett för honom kunde han ge vittnesbörd om att hans smärta var borta och han var helad.

Genom att fullständigt hålla sabbaten erkänner vi Guds andliga auktoritet. På det sättet kommer Gud att beskydda dig under hela veckan från alla slags olyckor. Men om du inte håller sabbaten ordentligt kan Gud den Rättvise inte beskydda dig. Och för mannen, som hade gått till spåkvinnor hade han också begått andligt äktenskapsbrott mot Gud. Gud hatar det.

Jag försökte plantera tro in i människor som besökte mig, genom Guds Ord. En speciell pastor var på väg till ett bönehus på berget för att ta emot svar på hans problem men stannade till hos mig på sin väg dit. Efter hans besök kunde han glatt återvända hem för han hade tagit emot svar och hans problem var löst. Jag gav råd och själavård till så många människor på den tiden att jag inte ens hade tid att gå på seminariet. När jag var hemma brukade de som ville ha rådgivning eller förbön samlas inne i och utanför mitt hus. Därför var jag tvungen att packa och gå upp på berget under skolloven. Jag var tvungen att undvika människor för att kunna koncentrera mig på Ordet och bönen som en student vid seminariet.

Fastade Så Mycket Genom Andens Inspiration

Vi kan kasta bort synder till och med från våra tankar

På sommarlovet under det första året vid det teologiska seminariet, i augusti 1979, medverkade jag i sommarskolan för pastorer på en jordbruksskola som hette Canaan Agricultural School tillsammans med pastorn i min församling. Där fanns en fontän sprutade vatten upp mot den klarblå himlen. Jag hörde några pastorer tala med varandra. Jag blev förvånad när jag hörde dem prata om så mycket världsliga ting. På den tiden trodde jag att alla pastorer var heliga som Herren. Jag blev så överraskad och besviken över att höra dem tala om något sådant i sina diskussioner som,

"Till och med vi som är pastorer kan egentligen inte göra något åt den syndfulla naturen med otuktstankar i sinnet. Så i mina ögon är det inte synd."

"Det stämmer," svarade en annan, "Synd begås först när vi utför den i handling. Bara tanken kan inte vara synd."

Jag blev förstummad för jag hade redan gjort mig av med den syndfulla naturen med otuktstankar genom fasta och bön innan jag började det teologiska seminariet. Eftersom roten till synden hade blivit uppdragen hade fienden djävulen och Satan inte kunnat komma med några sådana tankar mot mig. Varför skulle Gud befalla oss att inte begå äktenskapsbrott om vi inte skulle kunna följa den befallningen? Varför skulle de säga något sådant om de trodde att synd kunde kastas bort genom bön och fasta? Jesus sa att om någon ser på en kvinna med lust har han redan begått äktenskapsbrott med henne i sitt hjärta. Han sa också att ingenting är omöjligt för den som tror, så vi kan kasta bort synderna genom att kämpa emot dem, om så ända till blods.

När studenter vid det teologiska seminariet frågade professorn om detta, svarade han också att människor inte kunde göra något åt dessa tankar själva, så endast tankarna var inte synd. Jag bestämde mig att undervisa troende om att vi kan kasta bort synderna om vi tar emot Guds nåd och styrka.

"Tack Gud. Om jag för länge sedan hade hört att vi inte kan kasta bort otuktstankar från våra hjärtan skulle jag ha givit upp och fortsatt begå äktenskapsbrott i mina tankar. Men Du lät mig försöka och be för att leva efter Guds Ord, och Du gav mig förmågan att kasta bort otuktstankar genom bön och fasta. Tack Gud!"

Jag kom att lära att fasta var Guds vilja

Till och med när jag hade börjat det teologiska seminariet

gjorde jag många tillfällen med fasta och bön i tre dagar, sju dagar, 15 dagar och 21 dagar. När jag var ny i tron visste jag inte varför jag måste fasta men jag följde den Helige Andes ledning och fastade. När jag blev diakon lärde jag mig varför jag behövde fasta och dess fördelar. Så närhelst jag fann osanning i mig, fastade jag i tre dagar, fem dagar och sju dagar för att kasta bort det från mig. Om jag till exempel fann att jag i min natur hade lätt för att ljuga påbörjade jag direkt en tredagars fasta. Eftersom det var svårt att fasta på det sättet lärde jag mig snabbt att kasta bort lögnen och annan osanning från mig.

Det är viktigt för oss att äta mat för återhämtning efter fastan. Efter att vi har haft en period av fasta måste vi äta mat som hjälper kroppen att återhämta sig efter fastan. Det kan till exempel vara tunn gröt eller risvälling eller havrevälling. Du ska äta den under lika lång tid som du har fastat. På grund av detta hade jag inte så många dagar då jag åt fast föda. Fasta och lätt mat avlöste varandra. På mitt livs första väckelsemöte lärde jag mig om fastande bön men jag kände inte till om återhämtningsföda. Jag visste inte riktigt varför jag skulle fasta men genom den Helige Andes ledning beslutade jag mig för att göra en sjudagars fasta och gick till Chung-gye berget med en filt och Bibeln.

En liten bit bort från bönecentret fanns några privata platser som kallades "böneceller" för individuella böner. Platsen var fuktig och golvet bestod av några träplankor med hål i, så insekter kröp omkring. Jag ropade ut i bön och avslutade slutligen sjudagarsfastan där. När jag kom ner från berget skakade mina ben men jag var glad över att jag hade avslutat fastan. När jag kom till busshållplatsen, såg jag en gatuförsäljare som sålde pommes frites och munkar. Jag köpte några munkar och återvände hem.

"Älskling, kan du ge mig lite mat"

Min fru förberedde en måltid för mig, så jag bad, "Jag tror att det kommer att gå väl med min kropp", och sedan åt jag två skålar med ris. Det kunde ha blivit mycket svårt för magen, men det gick väl. En tid senare hörde jag att Osrani Bönehus hade startats i Paju Kyeong-gi Do. Jag gick dit för att fasta och be. När jag var på ett möte under en tredagarsfasta hörde jag hur viktigt det var att äta det som kallas "återhämtningsmat". Pastorn sa att vi skulle äta lätt och mjuk mat som gröt eller välling och grönsaker. Men jag hade en annan uppfattning om det.

När jag kom hem efter fastan åt jag mitt vanliga mål ris efter att jag hade bett "Jag tror att det kommer att gå väl med mig". Men plötsligt svällde mitt ansikte upp och jag fick en mängd fysiska problem i min kropp. Jag böjde knä omedelbart och bad över det. Jag hörde den Helige Andes röst.

"När du inte kände till om återhämtningsmat uppehöll jag dig genom din tro, men nu känner du till om återhämtningsmat och det är på grund av din arrogans som du inte lyder." Jag omvände mig omedelbart från olydnaden och började fasta på ett annat sätt från den stunden.

Fördelar med bönefasta

Fastande bön är en väldigt viktig del i att ta emot bönesvar på våra böner och det har många fördelar. För det första är det väldigt svårt att fasta och sedan ta återhämtningsmat under en tidsperiod utan att tvinga sin kropp till lydnad. När vi fastar skär vi oss loss från köttet och vi får styrka i det att vi kan kontrollera oss själva. Vår ande blir mer aktiv och det hjälper oss att växa upp som andliga människor. Det är också fysiskt bra för magen som får vila, och det är gott för hälsan. Sinnet blir också klarare, och det är bra både för den mentala och fysiska hälsan. När vår ande blir mer aktiv kommer vi bli fyllda av fullheten av den Helige Ande, så vi kan ta emot styrka från Gud. Genom ivrig bön tar vi emot bönesvar för olika problem och dessa böner kommer till och med att förebygga kommande prövningar. Gud låter allting samverka till det bästa för allt.

Jag fastade lika ofta som jag åt men jag ändrade aldrig mitt sinne om jag en gång hade beslutat mig för att påbörja en bönefasteperiod. Vi kan förtrösta på Gud när vi håller vad vi har beslutat oss för inför Gud. När vi tar emot svar genom bön och fasta vinner vi en säkerhet i tron och vi tar också emot mod och kraft i våra liv. Det är genvägen för att kunna få riktiga erfarenheter i det kristna livet och ett gott sätt för att leva ett segerrikt liv i tron.

Därför är bönefasta Guds vilja och det är ett av de bästa sätten att förverkliga riket och Guds rättfärdighet.

Sätt att Offra Bönefasta

Bönefasta är att be utan att ta in något annat än vatten i kroppen. Det är nämligen att be med den sortens beslutsamhet som säger, "Om jag går under, så går jag under". Vi ska inte tanklöst gå in i en långtidsfasta i mer än tio dagar utan tänka över det och se till att vi följer Guds vilja med den Helige Andes ledning.

Jesaja 58:6 säger, *"Nej, detta är den fasta jag vill ha: Lossa orättfärdiga bojor, ¬lös okets band, släpp de förtryckta fria, bryt sönder alla ok"*. Orättfärdiga bojor betyder alla problem som orsakas av att man har gått bort från Guds ord. Om vi därför offrar en fasta som är välbehaglig inför Gud, kommer våra problem att lösas. Men somliga människor gör 40-dagars fasta efter sin egen vilja och möter problem som är orsakade av att de inte är beskyddade av Gud. Vilken fasta är egentligen välbehaglig i Guds ögon?

För det första, vi måste göra det med ett beslutsamt hjärta

När vi en gång har beslutat oss för hur många dagar vi ska fasta, får vi inte ändra oss i mitten. Vi får inte sluta eller ge upp i mitten bara för att det är tufft. Om du måste sluta på grund av oundvikliga skäl, måste du påbörja fastan igen från början, och fullgöra den tid du hade beslutat dig för och lovat Gud. Om du avlägger ett löfte inför Gud och ändrar det på grund av det ena eller det andra, hur kan Gud då lita på dig och älska dig? Vad vi än beslutar oss för inför Gud, måste vi hålla. Genom att göra det lär vi oss uthållighet och vi samlar tillit hos Gud, på det sättet följer vi även Guds vilja.

För det andra, vi måste ropa ut i bön medan vi fastar

Somliga människor ber inte ordentligt utan har en tendens att sova mer när de fastar. Att vara utan mat på detta sätt fyller ingen funktion. Bara när vi ropar till Gud i bön kommer Gud till oss med sin nåd och ger oss styrka att fortsätta vår fasta. Han kommer också ge oss svaren på våra frågor och även välsignelser.

Precis som vi vanligtvis äter tre gånger om dagen, måste vi offra böner åtminstone tre gånger om dagen när vi fastar. På det här sättet kan vi få del av det andliga mannat och levande vattnet från ovan för att bli fyllda med den Helige Ande och fienden djävulen måste försvinna. När vi har en långtidsfasta måste vi be åtminstone fem gånger per dag för att ta emot det andliga brödet från Gud. Vår fasta borde inte bara vara en handling utåt sett. När vi river sönder våra hjärtan och ber från djupet av våra hjärtan kan Gud ge oss nåd och styrka (Joel 2:12-13).

För det tredje, vi ska inte ta del av nöjen

Jesaja 58:3 säger, *"Varför fastar vi, när du inte ser det, varför späker vi oss, när du inte märker det? Men se, på er fastedag gör ni vad ni har lust till, och alla era arbetare driver ni hårt"*. Om du ser på TV, blir arg eller skvallrar om andra under din fasta kan Gud inte ta emot den med glädje, så du borde inte förvänta dig något svar. Därför måste vi avhålla oss från nöjen, meningslösa samtal och från att göra något som inte stämmer med sanningen. Detta är det sorts hjärta som behagar Gud.

För det fjärde, när vi ber måste vi först och främst be för Guds rike och Hans rättfärdighet

Om vi ber med girighet och följer våra egna lustar, accepterar Gud inte våra böner. Därför kan vi inte heller ta emot bönesvar. Fastan kommer snarare att skada vår kropp så vi måste vara mycket försiktiga. Vi får inte be om att bli berömda, få världslig makt eller kunskap, utan endast om att bli helgade och bli lämpliga kärl för Gud att använda. Vi måste be om att fler själar ska bli frälsta, att ta emot mer av Guds styrka, och att ta emot gåvor från den Helige Ande. Gud kommer gladeligen ta emot våra böner när vi ber om Hans rike och Hans rättfärdighet, och för pastorerna i församlingen.

För det femte, vi måste be med andlig kärlek

Jesaja 58:7 säger, *"ja, dela ditt bröd åt den hungrige skaffa de fattiga och hemlösa en boning, kläd den nakne var du än ser honom och drag dig inte undan för den som är ditt kött och blod"*. Gud kommer att bli känslomässigt orolig när Hans barn slutar att äta för att be till Honom. Om de handlar med godhet och visar kärlek till andra, hur underbara kommer de inte vara i Guds ögon? Han kommer då att acceptera fastan med glädje och ge svaren mycket snabbare.

För det sjätte, vi måste också ta rätt sorts återhämtningsmat

Efter att vi har avslutat fastan måste vi ta återhämtningsmat under lika lång period som vi har fastat för att göra fastan komplett. När vi tar återhämtningmaten får vi självkontroll. Det kommer inte att skada vår kropp utan snarare göra den starkare, och vår ande kommer få en klarare insikt.

Somliga säger, "Jag har en stark mage, så jag behöver inte äta återhämtningsmat". Men det är en missuppfattning. När vi tar ordentlig återhämtningsmat gör Gud svaga magar starkare, och botar mindre sjukdomar och svagheter under denna tid.

Även fast vi har fullbordat fastan ordentligt, kommer vi att förlora vår energi till den grad att vår kropp tar skada, och vi kommer att få problem, om vi inte äter ordentlig återhämtningsmat. Under återhämtningsperioden borde vi inte heller arbeta eller träna intensivt. Det kan också komma prövningar direkt efter fastan så det är bra om man ber för det under fastan.

Ordentlig återhämtningsmat

Om vi äter för mycket under en återhämtningsperiod

kommer vårt ansikte att svälla upp och det är inte bra för vår mage, så vi behöver vara försiktiga. Vi äter normalt tre mål mat om dagen men när vi äter återhämtningsmat med mjuk och tunn risgröt, kan vi ta en kopp av det fyra gånger om dagen.

Vi borde undvika kött, ägg, bröd, kolsyrad dryck, och stark mat som är oljig, kryddstark, salt eller sur. Vi borde undvika mat med MSG [natriumglutamat, en smakförstärkare E621, väldigt vanlig i asiatisk mat och kryddor, övers. anm.] och kryddor. Det är bättre att äta grönsaker.

Efter en tredagars fasta kan vi äta risgröt, men efter en långtidsfasta blir magen som en nyfödd babys mage. Så i åtminstone två dagar kan vi äta en väldigt utspädd ris-soppa som nästan är som vatten. Ta det ungefär fyra gånger om dagen. Kanske vi också kan dricka äpplejuice, men inte med fruktkött, fyra gånger om dagen.

Efter tre till fyra dagar kan vi äta en lite tjockare ris-soppa. Senare kan vi lägga till ris-pulver eller kokad pumpa i gröten, och mängden kan också utökas allt eftersom. Vi bör undvika kött, och vi bör inte tillägga glutamat. Om vi vill ha kött, kan vi ta en liten bit fisk, men den måste vara endast lätt saltad.

Vissa soppor med grönsaker är också bra. Speciellt om vi tar bort skalet från sesamfrön och lägger det i risgröten. Vi kan återfå energin mycket snabbare och vi kommer också känna oss mer hälsosamma genom att följa denna återhämtningsprocess.

Be om den Helige Andes ledning

Jag var en introvert person. Om någon var bredvid mig kunde jag inte be högt. Därför brukade jag be hela nätterna för mig själv. Omkring 30 minuter efter att jag börjat be, tog jag emot fullheten och inspiration från den Helige Ande för att få djupare andlig kommunikation med Gud. Ibland när en sån stor inspiration kom över mig började jag sjunga i andra tungomål och ibland dansade jag, sjungande halleluja, för att jag blev berörd av den Helige Ande.

Jag bad framför allt för pastorn i min församling, andra pastorer, äldste, och för väckelsen i församlingen och andra själar, för andra församlingar, för nationen och vårt folk. Mot slutet av min bönetid, bad jag kort för min familj och mitt företag. När jag hade tid gick jag till bönecenters och var med på bönemötet i gryningen. Lite senare gick jag upp på höjderna. Jag tyckte det var slöseri med tid att vänta tills efter jag ätit lunch, så jag brukade redan tidigt på morgonen ta med mig en filt och hoppa över lunchen.

På kvällen åt jag middag på bönecentret och var med på kvällsmötet. Närhelst jag kände en stark dragning i mitt hjärta åt att fasta, fortsatte jag att fasta in på kvällen också.

"Så hjälper också Anden oss i vår svaghet. Ty vi vet inte vad vi bör be om, men Anden själv ber för oss med suckar utan ord, och han som utforskar hjärtan vet vad Anden menar, eftersom Anden ber för de heliga så som Gud vill" (Romarbrevet 8:26-27).

På den tiden kände jag inte ens till den Helige Ande. Jag följde bara Hans ledning och bad. Gud rannsakar hjärtan. För att den Helige Ande bad i mig, bad jag i enlighet med Hans inspiration.

Guds Hand i Förberedelsen med Församlingsstarten

Övervinna trosprövningar

Gud tillät prövningar så att min familj skulle kunna ha en mer perfekt tro. Min yngsta dotter, Soojin, var 6 år gammal 1980. Hon gick nerför gatan med sin syster där några högstadiepojkar spelade boll. En av pojkarna vände sig hastigt om för att försöka få tag i bollen och stötte in i Soojin. Hon föll och slog sitt huvud i trottoaren och fick en hjärnskakning. Pojkens föräldrar kom och tog Soojin till sjukhuset.

Min fru fick nyheten och åkte till sjukhuset. Läkarna sa att Soojin måste tas till det allmänna sjukhuset. Hennes hjärna hade blivit allvarligt skadad och hon kanske skulle få problem i framtiden med mentala svårigheter. Även om hon opererades var sannolikheten stor att hon skulle få mentala men av olyckan.

Jag var i butiken och hörde att Soojin var i sinnesförvirring. Men eftersom jag hade tro att hon skulle bli helad genom bön tog jag hem henne istället för att åka till ett större sjukhus.

Mamman till pojken visste inte vad hon skulle göra. Hon arbetade som hemhjälp och hade en mycket svår ekonomisk situation precis som vi.

Efter att jag tröstat henne och hon hade fått frid, lade jag min hand på Soojin och bad för henne. Hon talade förvirrat och klagade. Nästa dag vaknade hon inte ens upp så min fru och jag bad hela den natten. På onsdagen just innan jag skulle gå till seminariet, och plötsligt hörde jag en klar röst säga, "pappa, är det inte idag som vi ska gå till kyrkan"? Det var Soojins röst. Hon hade återfått medvetande och kunde prata.

"Gud, tack så mycket! Du svarade på mina böner och Soojin har återfått medvetandet igen." När jag kom hem från skolan hade Soojin gått till kyrkan för att gå på onsdagsmötet.

Min andra dotter påkörd av en lastbil

1981 var min andra dotter Mikyung med om en trafikolycka. Mikyung klev av bussen och var på väg över gatan. Lastbilschauffören såg henne inte och hon blev påkörd av lastbilen. Hon kastades till marken. Människor samlades runt henne och chauffören tog henne till ett sjukhus.

När min fru kom till sjukhuset var Mikyungs ansikte så svullet att det såg ut som om hon hade två hakor. Insidan av hennes mun var helt söndersliten. Det såg fruktansvärt ut. Läkarna sa att hon måste läggas in men min fru tog med sig henne hem. Mikyung var täckt av blod och kunde inte öppna sina ögon. Hennes ansikte var fullt av sår och skador.

Hon kunde inte äta något alls. Det var precis att hon kunde dricka mjölk och suga i sig lite soppa med ett sugrör.

När jag försiktigt öppnade hennes mun och tittade in såg det fruktansvärt ut. Jag bad allvarligt med min hand på Mikyung. Trots alla sina skador gick hon till skolan. Hennes lärare blev chockad och sa till henne att åka till sjukhuset. Min fru och jag bad och fastade på allvar hela natten. Mikyung fortsatte att gå till skolan och efter en dag blev hennes ansikte blått som om hon hade blåmärken, och efter fem dagar föll sårskorporna av och hon blev fullständigt återställd. Hennes mun fick tillbaka sin plats, svullnaden var borta och insidan av hennes mun blev fullständigt helad och ren.

Under sommarlovet det året fick vi ett brev från Mikyungs lärare. Hon skrev att hon hade förstått att Gud lever och att Hans kraft är stor för hon hade sett Mikyung återhämta sig så fort och det helt utan sjukhusvård eller mediciner. Hon avslutade sitt brev med att hon skulle vilja komma till kyrkan från den dagen och vidare.

Vår första dotter botad efter att min fru omvände sig

1981 gick min första dotter Miyoung i grundskolan. Under mitt sommarlov gjorde jag en bönefasta på Osrani Bönehus och kom tillbaka. Jag mötte Miyoung full med blåsor på sin kropp. Hon hade så tjocka utslag att hennes hud så ut som barken på en tall, och under den hårda, såriga huden fanns infektioner. Från sprickorna i hennes hud rann det var. Det såg hemskt ut. Eftersom hon blödde vid minsta lilla rörelse fick hon lov att sitta i ett hörn i rummet.

Eftersom min fru hade tron att Gud skulle bota henne, hade hon inte smörjt på någon salva eller tagit henne till sjukhuset. Jag bad för Miyoung, men hon blev inte botad. Jag bad för henne igen nästföljande dag, men ingen förbättring.

*"Se, HERRENS hand är inte för kort, så att han ej kan
frälsa, hans öra är inte tillslutet, så att han ej kan höra.
Nej, det är era missgärningar som skiljer er och er Gud
från varandra, era synder döljer hans ansikte för er, så
att han inte hör er" (Jesaja 59:1-2).*

Jag rannsakade mig själv och försökte hitta något att omvända
mig från, men jag kunde inte komma på något. Jag var säker på
att Miyoung inte hade något otalt med Gud. Hon hade alltid
varit en bra flicka. Min fru sa att hon hade slappat av med att
gå på gryningsbönemötena eftersom hon var så upptagen, och
omvände sig från detta inför Gud. Efter att hon hade omvänt sig
bad jag för Miyoung och Gud lät sitt verk bli synligt denna gång.
Huden med de kraftiga utslagen hade blivit gulaktig på grund
av infektionen under den, men under en natt blev huden vit och
fin igen och sårskorporna föll av. Hon var fullständigt ren innan
lovet var över.

När vi helt och hållet förlitar oss på Gud kommer Han inte
låta oss möta några svåra omständigheter. Vi förstod att det var
för att pröva vår tro, och för att föröka familjens tro, precis som
Gud när förvandlade Job till en mer perfekt person genom att
rena honom med bulnader, och vi tackade för Guds kärlek. Innan
församlingen startades tillät Gud oss gå igenom prövningar med
varenda en av våra tre döttrar för att ge oss en ännu större tro.

Vad ska jag göra?

Jag räknade med Gud i allt och hade alltid min glädje i att

fråga Honom om Hans vilja och i att lyda den. När jag läste Bibeln blev jag väldigt berörd när David litade på Gud i allt.

"David frågade därefter HERREN: 'Skall jag dra upp till någon av städerna i Juda?' HERREN svarade honom: 'Drag upp.' David frågade: 'Vart skall jag gå?' Han svarade: 'Till Hebron.'" (2 Samuelsboken 2:1).

"Då frågade David HERREN: 'Skall jag dra upp mot filisteerna? Skall du då ge dem i min hand?' HERREN svarade David: 'Drag upp! Jag skall ge filisteerna i din hand.'" (2 Samuelsboken 5:19).

David frågade Gud om allt, till och med det som var så smått. Precis som ett litet barn som frågar sina föräldrar vad han ska göra, frågade David och blev ledd av Gud. När David frågade Gud, svarade Gud varje gång vad han skulle göra, som en generös far. Jag frågade också Gud om Hans vilja i varje situation, och Gud lät mig klart och tydligt få höra den Helige Andes röst.

40-dagars fasta

När jag hade vinterlov under mitt andra år på seminariet 1981, rörde Gud vid mitt hjärta till att offra en 40-dagars fasta. Jag packade min Bibel och en psalmbok, och några predikoböcker för att gå till ett bönecenter. När jag var på väg hemifrån hörde jag plötsligt den väldigt starka rösten från den Helige Ande.

"Ta inte med dig någon annan bok än Bibeln och

psalmboken under 40-dagars fastan."

Snabbt packade jag upp alla andra böcker förutom Bibeln och en psalmbok och gick till bönehuset vid Osrani Bönehus. Eftersom det var semestertid fanns det flera tusen troende där. Det var det år då vädret slog ett 60 år gammalt köldrekord. Jag gick på alla öppna tillbedjansgudstjänster på bönecentret, och avsatte tre gånger per dag för att be (morgon, middag, och klockan 23). När jag gick in i en bönecell och böjde knä kände jag den frostbitande kylan men jag ropade ut i bön utan att hoppa över ett enda bönetillfälle.

Bönecellen var full av frost och cellen var i sig som en stor iskub. Men i det att jag kämpade för att ropa ut i bön i 30-40 minuter gav Gud mig nåd och styrka att ropa ut i bön i flera timmar. Eftersom jag var en ny troende gjorde jag många femdagars, 7-dagars, 15-dagars, och 20-dagars fasta. Jag fastade regelbundet och gick också samtidigt på seminariet. Jag trodde att till och med en 40-dagars fasta skulle bli lätt om bara Gud hjälpte mig. Jag bad om Guds rike och Hans rättfärdighet och om att Gud skulle förklara sitt Ord för mig. Jag var kallad till Hans tjänare, men jag kunde inte göra något med min egen styrka, så jag bad allvarsamt till Gud om att ta emot Hans styrka för att kunna arbeta för Honom. Jag bad också för starten av en församling, och Gud gav mig en dröm om en församling som skulle uppnå världsmission:

"Det finns många själar som lider under sjukdomar och fattigdom. Låt din församling hjälpa de som är i behov, bota människors kroppar och deras ande, och bli ett vittne och predika dessa goda nyheter till hela världen och uppnå världsmission. Låt din församling stå upp och

lysa. Jag har utvalt dig och jag kommer att leda dig från
början till slut. Du gör detta och du kommer göra detta
och detta när du har öppnat en församling."

Eftersom jag hade lidit av smärtor från sjukdomar under en
lång period kunde jag förstå de som var slagna med sjukdom. För
att plantera tro in i icke-troende, bota så många människor från
deras svagheter och sjukdomar, att lösa orättfärdighetens kedjor
som binder människor i den här världen full av synder, kände
jag att jag var tvungen att ta emot stor och obegränsad kraft från
Gud, så jag bad.

"Gud, ge mig Din kraft, så att när människor blir rörda av
min skugga eller rör vid mina klädesplagg blir de botade, och att
bara genom att befalla med ett ord kommer det att få fienden
djävulen att fly bort."

När jag så ivrigt, tog jag emot löftet att Han skulle ge mig
auktoriteten att driva iväg fienden djävulens väldigheter. Min
dröm var att ta emot mer kraft från Gud för att predika de goda
nyheterna och plantera tro i dem som inte kände Gud och som
led av sjukdomar, fattigdom, och bekymmer i den här världen,
och att etablera en församling som skulle växa och predika
evangeliet till jordens ändar. För att kunna uppnå denna dröm av
världsmission, måste jag få ta emot obegränsad kraft från Gud,
så jag längtade och bad om att få ta emot kraften som Gudsmän
som blivit erkända och älskade av Gud. Mose, Josua, Elia, Elisa,
Petrus, och Paulus var exempel på Gudsmän som hade tagit emot
kraften för att kunna göra mirakler, tecken och under.

Som en Guds tjänare bad jag inte bara om kraften och
auktoriteten att övervinna världen, utan också om att ta emot de

tolv gåvorna från den Helige Ande. Men från den sjätte dagen av min fasta höll Gud mig inte uppe. Eftersom Han inte hjälpte mig, kom fienden djävulen för att störa mig. När den sjunde och åttonde dagen passerade kände jag yrsel och kramper i händer och fötter. Det kändes som om jag höll på att bli tokig och jag kunde inte sova om natten. Jag trodde att jag skulle bli galen, så jag kämpade för att behålla mitt förstånd. I en dröm kom någon och tvingade mig att äta lite ris. När jag vaknade upp omvände jag mig från att ha haft en sådan dröm.

Jag hade tankar om att ge upp eftersom jag trodde att jag hade missbehagat Gud på det sättet men om jag hade gett upp i den stunden hade jag varit tvungen att börja om från början igen. Så jag kämpade emot smärtorna varje dag.

Efter nio dagar slutade symtomen. Efter tjugo dagar hade jag inte ens styrkan att läsa Bibeln, så jag tog fram några predikoböcker av en pastor. Jag läste några kapitel, men jag hade ingen mer styrka att läsa. Jag gick in i en bönecell, men jag kunde inte ta emot styrka att ropa ut i bön. Jag fick kämpa så mycket för att be. Jag bad, "Gud, ge mig styrka att ropa ut i bön."

Jag vet inte hur lång tid som passerade, men medan jag fortfarande kämpade hörde jag en röst som knackade på mitt hjärta och sa, *"Jag har sagt till dig att inte ta med dig eller läsa någon annan bok än Bibeln och psalmboken. Varför läste du en bok som skrivits av en människa?"*

Jag återfick mitt förstånd när jag hörde rösten, och jag sa, "Gud, jag trodde det var okej, men jag var olydig. Snälla, förlåt mig." Det var svårt att läsa Bibeln och jag trodde att det kanske skulle gå lättare att läsa en annan bok. Jag förstod att det var olydnad och omvände mig omedelbart från det på ett ordentligt sätt. Sedan kunde jag ta emot ny styrka och återigen kunde jag be.

På den 28: e dagen var jag bara skinn och ben. Jag hade minskat avsevärt i vikt. På den 30: e dagen var mina inälvor mycket torra och klibbade ihop sig, så att inte ens vatten kunde passera, och jag kände mig uppblåst som om jag vore förstoppad. Om jag drack lite vatten kom det upp direkt igen. När jag kräktes var det svart blod i det. Jag trodde det berodde på att några vener i magen hade brustit och att det koagulerade blodet kom ut tillsammans med spyorna.

På den 32:a dagen kom min första dotter, som gick i grundskolan, för att besöka mig. Jag delade rum med många andra människor, men jag tänkte att de skulle känna sig obekväma av att se mig kräkas. Jag gick hem med min dotter. I rummet som jag hyrde när huset, fortsatte jag min fasta. Det var en stark kamp emot min vilja. Men som genom ett mirakel, på den 39:e dagen klockan 23, försvann all smärta och Gud gav mig styrka från höjden. Jag hade styrka som en fullt återhämtad person. Så jag tog ett bad och bytte mina kläder. Vid midnatt offrade jag en tacksamhetsgudstjänst och avslutade fastan.

Som en örn tränar sina ungar

Senare undrade jag varför Gud inte uppehöll mig under min 40-dagarsfasta. Tills dess hade jag kunnat fasta utan några speciella svårigheter eftersom Gud hade uppehållit mig och hjälpt mig. Så jag frågade Gud i bön varför jag var tvungen att fasta med min egen styrka och med så mycket smärta. Gud gav mig följande ord:

"Jag vände inte bort mitt ansikte från dig, men med avsikt tränade jag dig. Om du jämför fastan som du lätt

gick igenom med min hjälp och fastan du gick igenom
med din egen styrka och uthållighet, skillnaden i kraft
som du vinner är så många gånger större".

Det betydde att när jag avslutade fastan med min egen styrka
och viljekraft skulle jag vinna mer styrka och uthållighet, och jag
skulle kunna övervinna alla slags svårigheter. När jag hörde dessa
ord blev jag påmind om 5 Mosebok 32:11-12.

"Liksom en örn väcker upp sitt bo, och svävar över sina
ungar, så bredde han ut sina vingar och tog emot honom
och bar honom på sina fjädrar. Blott HERREN ledde
honom, ingen främmande gud vid hans sida".

Örnar bygger sina bon på toppen av en hög klippa. När deras
unge växer upp till ett visst stadium knuffar örnmamman ut sin
unge ur boet. I det att ungen faller börjar de instinktivt att röra
sina vingar, för att kunna överleva. Genom denna träning blir de
unga örnarna så starka att de kan överleva i kampen om livet och
flyga högt i skyn. Jag kunde inte stoppa tårarna från att rinna när
jag tänkte på den kärlek som Gud har i det att Han tränade mig
så hårt, precis som när en örn hårdhänt tränar sin unge.

Kapitel 5

Församlingens start

Förberedelse I Guds Ord under Tre År

Jag renade dig

Jag tänkte på betydelsen av orden "tre åren" i det Gud hade sagt till mig. På min fars födelsedag den 9 juli 1974, hände det som ledde till att min fru och jag skilde oss. Den 10 juli 1977 öppnade vi butiken på marknadsplatsen Keumho Dong med stabil ekonomi. Det var exakt tre år, sånär som på en dag. Eftersom utbildningen vid seminariet var fyra år, kunde jag först inte förstå varför Gud sa till mig att Han skulle vara med mig och att det skulle följa tecken och under, efter att jag hade förberett mig själv med Ordet under tre år. Men snart förstod jag betydelsen av dessa ord också. I februari 1982 talade jag, efter en förfrågan av pastorn i Ilman Church of Masan, på en väckelsekampanj där. Jag avslutade mitt tredje år vid seminariet i februari 1982 så det var exakt tre år sedan jag hade börjat seminariet. En äldstebroder i församlingen frågade mig,

"Pastor, snälla kom till min församling och tala på en väckelsekampanj."

"Jag är inte ens ordinerad pastor. Jag är bara en seminariestudent, hur ska jag kunna tala på en väckelsekampanj? Var vänlig och fråga någon annan."

"Nej, jag har bett för denna väckelsekampanj under en tid nu och Gud påminde mig om dig i mina tankar. Det är Guds vilja att du ska tala på kampanjen."

"Då ska jag be över det och ge dig svar."

Eftersom det var min första väckelsekampanj och jag fortfarande var en seminariestudent, kände jag mig inte säker. Jag fastade under tre dagar på Osanri Bönehus och då fick jag visshet och förvissning. När jag kom hem böjde jag knä för att förbereda budskapet för kampanjen. Då gav Gud mig, med klar och tydlig inspiration, elva budskap med respektive bibelpassage och titlar i detalj, inklusive budskap för gryningsmötena. Denna inspiration från Gud påminde mig om en bok jag hade läst tidigare. "Du läste den här boken tidigare, ta den som ett exempel." Jag var så imponerad.

Återigen förstod jag att ingenting är omöjligt för Gud. Jag avslutade alla förberedelser från introduktionen till slutsatsen på varje predikan. Jag talade på kampanjen och ledde dem genom Guds nåd. Alla medlemmar tackade mig och sa att de hade tagit emot en fantastisk nåd. Många vittnade om att det var Livets Ord som de aldrig tidigare hade upplevt. Det förändrade deras ande och deras problem fick lösningar.

Efter denna väckelsekampanj blev jag inbjuden till många

församlingar för att tala på deras väckelsemöten. Varje gång bekräftade den Helige Ande, som en stark och mäktig vind, det talade ordet med Guds gärningar i tecken och under. När Gud kallade mig som sin tjänare sa Han, "Under tre år, förbered dig själv med Ordet under tre år".

För en framgångsrik tjänst

Under det sista året på det teologiska seminariet förberedde även mina klasskamrater sig för att starta församlingar. De var upptagna med att få tag på kunskap och information om hur man startar en församling genom att gå på olika konferenser om kyrkotillväxt och genom att göra olika fallstudier om församlingars väckelsehistoria. Mina klasskamrater gav mig råd. "Pastor, hur kan du få en kraftfull tjänst enbart genom att fasta och be på bergen hela tiden? Varför följer du inte med oss för att lära dig lite mer?" Det kan naturligtvis vara till en fördel att ha information och kunskap om hur man startar en församling, men jag hade en annan idé.

Jag ville inte lära mig mänskliga metoder, utan Guds metod när det gäller kyrkotillväxt, som den finns beskriven i Bibeln. I Bibeln läste jag hur trosfäder som Petrus och Paulus hela tiden ansträngde sig med ständig bön. Jag förstod Guds Ord genom att meditera på Bibeln och predikade flitigt evangeliet.

I Apostlagärningarna 8:26 och vidare står det om Filippus som ledd av den Helige Ande gick ut i ödemarken och mötte en etiopisk hovman, som hade uppsikt över Candaces, Etiopiens drottnings, skattkammare. Det betyder att han hade ansvar för alla hennes rikedomar. Hovmannen läste ifrån Jesaja bok och ville förstå Guds Ord. Filippus undervisade honom om Jesus och döpte honom. Lite längre fram står det om aposteln Paulus som ville predika i Asien, men den Helige Ande tillät honom inte att göra det utan ledde honom istället till Makedonien (Apostlagärningarna 16:6-10).

Det som uppenbarades genom att meditation på Guds Ord var att Gud själv visar och leder sina tjänare. Jag förstod att för att få en framgångsrik tjänst var det allra viktigaste att ha en djup relation med Gud och att följa Hans vilja. Därför bad jag så ofta jag hade möjlighet, och jag försökte förstå Guds Ord på ett andligt sätt.

Min fru brydde sin om själar med kärlek

I mars 1982, efter att 40-dagarsfastan var över och jag också hade avslutat återhämtningsfasen, startade ett nytt akademiskt år. Vid nyår blev cellgrupperna i församlingen som jag gick till omorganiserade. Min fru blev mötesledare och diakonissa Aeja Ahn blev cellgruppsledare. Vi hade fem medlemmar i vår cellgrupp. I april hade gruppen utökats till 25 medlemmar.

Min fru evangeliserade flitigt för människor och brydde sig om medlemmarna. Hon fastställde också en bönetid varje dag i hemmet tillsammans med diakonissa Aeja Ahn. Genom detta bönemöte blev problem i familjerna lösta och fler familjemedlemmar evangeliserade, och det ledde till en stor väckelse. Eftersom min fru var en kokerska brukade hon koka mycket smakfulla rätter som hon serverade till medlemmarna vid varje möte.

På söndagsmorgonen sände vi ut våra tre döttrar till varje hushåll med budskapet, "Idag är det dagen då vi går till kyrkan, så kom förbi vårt hus klockan tio". Om de inte kom klockan tio gick mina små döttrar till deras hus igenom och knackade på deras dörr och uppmanade dem att följa med till kyrkan. I vissa fall kunde de inte stå emot döttrarna och kom med. Så på söndagen vad det ungefär 30 medlemmar från min cellgrupp som gick till kyrkan. Min fru tog kärleksfullt hand om dem och det var på det sättet hon tränade sig själv att bli en pastorsfru.

Med Sju Dollar

Något förundransvärt hände

Den 1 mars började mitt sista år på seminariet. Vår butik hade alltid mycket kunder men plötsligt förlorade vi dem alla. Det blev fullständigt tomt. Först tittade jag tillbaka för att se om vi hade någon mur av synd emot Gud och trodde att allt skulle bli bättre följande dag. Men det blev det inte. Min fru och jag bad till Gud, men vi fick inget svar. Eftersom vi inte hade någon inkomst blev månadens hyra avdragen från säkerhetsdepositionen. Senare förstod vi att det var Guds djupa omsorg. Vi stängde butiken för att starta en församling den 25 juli, och vid den tiden hade hela säkerhetsdepositionen gått åt. Efter att vi hade betalat alla skatter hade vi sju dollar i vår hand. Gud vände allt som vi hade tjänat i världen till ingenting, och fick oss att starta en församling med bara sju dollar.

Sjuka människor kom

Varför är Miyoungs mamma alltid glad? Eftersom jag vid en tidpunkt bara hade väntat på döden, började min fru sitt kristna liv med att vittna om hur jag hade blivit botad från alla sjukdomar. Hon var nu alltid lycklig och fylld av glädje. Även då vi inte hade något att äta följande dag, var vi alltid tacksamma. Oavsett om hon diskade eller gjorde brukade hon alltid sjunga lovsånger. Hon vittnade för alla hon mötte, oavsett vem, om hennes möte med den levande Guden och predikade evangeliet. Hon tillbringade varje dag i fullheten av den Helige Ande.

Innan församlingen startade, spreds sig nyheten om min familj och fler och fler började komma för att få förbön från mig. I april 1982 kom en troende och besökte mig. Hon var så tunn att hon såg ut att bara vara skinn och ben. Hon hade inte kunnat gå i rask takt på grund av en medfödd hjärtsjukdom.

"Pastor, tre dagar efter att jag födde mitt barn svällde min kropp upp och mitt tillstånd blev mycket dåligt. Jag kunde inte ens hålla i babyn." Jag sa, "Ta emot bönen med tro. Gud kommer att bota dig."

Hon tog emot förbön en gång och blev fullständigt botad från sin hjärtsjukdom. Hon är diakonissa Seong Ja Kim, en av våra överlåtna förebedjare i vår församling. En annan dag besökte en medelålders kvinna min butik. Hon sa att hon hade hört nyheterna om min familj och letat efter mig. Hon hade en dotter som var över 20 år, och hennes höftben var ur led. Hennes ben var olika långa så hon kunde inte gå ordentligt. Smärtan hon genomled hade blivit så stor att hon medicinerades med morfin. Nu var hon beroende av morfin, och det fungerade inte längre. Ingen av de starkare smärtstillande fungerade för henne. Hennes mor önskade att jag skulle be för henne. Jag höll en lovsångsgudstjänst i hennes hem. Den Helige Ande rörde mig till att be för den familjen i 21 dagar.

Detta var under min tid på seminariet och jag var också upptagen med nattbönerna, men ändå predikade jag Guds Ord till dem och bad för dem i 21 dagar. Dottern började långsamt få tro, och hon slutade att ta medicinerna hon hade tagit. Hon började förlita sig enbart på Gud. På den 20: e dagen var all smärta borta. Följande dag vittnade hon så här:

"Pastor, det här huset är så gammalt och det finns så många råttor på vinden och under taket. De för alltid så mycket oväsen. På nätterna brukar råttorna till och med komma in i rummet och störa. Jag fick det jobbigt på grund av det. Men förra natten hade jag en dröm och när jag vaknade följande morgon hade något förundransvärt skett".

Det fanns så många råttor att de lade ut råttgift och använde många andra sätt för att bli av med dem, men inget fungerade. Hon var alltid så nervös, hoppig och ängslig på grund av smärtorna. Hon kunde inte sova om natten på grund av oljudet från råttorna. Men under natten drömde hon att hon mottog förbön från mig, och så snart hon hade fått förbön började råttor i olika storlekar gå ut i grupper, och slutligen var det en väldigt stor råtta som såg ut som en kung som också gick ut. Efter det försvann all smärta omedelbart, och i verkligheten hade alla råttor på vinden försvunnit. Denna syster var så förvånad och förundrad över Guds verk och kunde inte dölja sina känslor.

Flera dagar senare kom modern till denna unga dam till mig och sa, "Pastor, min dotter är döende! Snälla, kom direkt och be för henne!"

Det var mitt i natten när jag kom till hennes hus. Hennes dotter vred sig i plågor på golvet. Hon hade fastat i tre dagar och efter fastan skulle hon ha tagit ordentligt återhämtningsmat under tre dagar, men hon hade ätit grillad kyckling direkt efter fastan. Hon hade akuta matsmältningsproblem. När jag lade min hand på henne och bad, kunde jag genom den Helige Andes inspiration tydligt se ett ben i hennes magsäck och att detta ben höll på att smältas. Så snart bönen var över, kräktes hon upp det hon hade ätit. Hon tog ett djupt andetag och så fick hon tillbaka sin normala ansiktsfärg.

Bli ett rent kärl

Jag fastade väldigt ofta och gjorde mitt bästa och kämpade för att göra mig av med all slags ondska och för att hålla alla Guds bud. Jag började bära den Helige Andes frukter och upptäckte att jag på ett starkt sätt uppvisade den Helige Andes gåvor och frukter. Ungefär vid den här tiden, när jag under ca sju år hade bett till Gud om att få större förståelse och klar insikt i Guds vilja, sände Gud en profetissa till mig. I april 1982 kom en kvinnlig medlem som min fru hade evangeliserat och besökte mig och sa,

"Pastor, mitt i natten ropade något mitt namn tre gånger, så jag öppnade mina ögon. Gud uppenbarade sig i ett sånt starkt ljus att det var svårt för mig att öppna ögonen och Han sa, "Jag vill utvälja dig, du ska göra mig känd bland nationerna, och göra dig till mitt vittne över hela världen". Jag har ingen aning om vad det betyder."

Hon kände vid den tiden inte ens till vad 1 Moseboken och Matteus var, men hon hade blivit botad från en sjukdom i magen genom förbön. När vi hade bönemöte inför starten av församlingen, kom Guds ord genom hennes läppar och jag var så förvånad över att höra samma ord som de Gud hade givit till mig när Han hade kallat mig som sin tjänare. Han sa,

"Bad du inte om den Helige Andes tolv gåvor? Jag gav alla dem till dig så offra en bön av tacksägelse."

Gud talade vidare genom profetian till mig om saker som bara jag hade kännedom om. En del av det var till och med saker som inte ens min fru inte kände till. Genom detta förstod jag att Gud hade gett mig gåvan att profetera. Gud lät mig förstå att det verkligen var Guds ord som hade givits till mig. Till dess hade jag bett om de tolv olika gåvorna, inklusive den Helige Andes nio gåvor nedskrivet i 1 Korinterbrevet 12 och även gåvan av att få visioner, gåvan av gudomlig syn, och kärlekens gåva.

Vad är profetia?

Bibeln säger oss att det finns olika sätt att höra Guds röst på. Ett sätt är genom rösten från Gud själv, och även rösten från den Helige Ande. Ibland talar Gud också genom en ängel som ser ut som en människa. Gud talar också till oss genom profetia.

"HERRENS hand kom över mig, och genom HERRENS Ande fördes jag bort och sattes ner mitt i en dal, som var full med ben. Han förde mig fram bland dem, och se, de låg där i stora mängder utöver dalen, och se, de var alldeles förtorkade. Han sade till mig: "Du människobarn, kan de här benen få liv igen?" Jag svarade: "Herre, HERRE, du vet det." Då sade han till mig: "Profetera över dessa ben och säg till dem: Ni förtorkade ben, hör HERRENS ord: Så säger Herren, HERREN till dessa ben: Se, jag skall låta ande komma in i er, så att ni får liv. Jag skall fästa senor vid er och låta kött växa ut på er och övertäcka er med hud och ge er ande, så att ni får liv. Och ni skall inse att jag är HERREN." Jag profeterade som jag hade blivit befalld. Och när jag profeterade hördes ett rassel, och se, det blev ett sorl, och benen kom åter tillsammans, så att det ena benet fogades till det andra" (Hesekiel 37:1-7).

"Ty Jesu vittnesbörd är profetians ande" (Uppenbarelseboken 19:10).

Profetia är att tala för någon annan. Bland profeterna finns det dem som talar å en människas vägnar eller å Guds vägnar.

I Hesekiel kapitel 37 kan vi se att Guds Ande var med Hesekiel och Gud talade genom Hesekiels läppar. Eftersom Gud talade genom en människas läppar blev meningarna skrivna i imperativ, i uppmanande form. Profetia görs inte av människan, utan av Guds Ande, dvs. den Helige Ande. Den Helige Ande verkar i harmoni genom en människa för att förmedla Guds vilja. Det är därför sanna ord som är erkända och garanterade av Gud. Vad är då profetians ande?

Om du talar sanningen genom Helig Ande, vittnar du om Jesus, som är sanningen själv. Eftersom Jesu ande får sitt vittnesbörd genom människan, som talar sanningen genom Helig Ande, betyder det att den människan profeterar. Det är profetians ande. Om det finns en människa som kan profetera Guds ord, precis som profeten Hesekiel lydde Guds ord och profeterade, kommer vi kunna ta emot många uppenbarelser.

Vi kan se att Jesus vill att vi ska ta emot uppenbarelser eftersom Han sa i Matteus 11:27, *"Allt har min Fader överlämnat åt mig. Och ingen känner Sonen utom Fadern. Inte heller känner någon Fadern utom Sonen och den som Sonen vill uppenbara honom för"*. Aposteln Paulus sa också i 2 Korinterbrevet 12:1, *"Jag måste berömma mig, om än till ingen nytta, och jag kommer då till syner och uppenbarelser från Herren"*.

Om vi kan ta emot Guds uppenbarelse som aposteln Paulus gjorde, kommer vi kunna förstå Gud tydligt och även att få veta om det som ska komma. Bara när vi känner till det som ska komma, kan vi förbereda oss för den tid då Herren kommer tillbaka, en händelse som kommer att komma som en tjuv.

Mottagande av Svar För Församlingsstart

De vill avstänga dig

Medan jag förberedde mig för att starta församlingen, hade vi flertalet bönemöten. Vi hade ett helandemöte i Diakonissa Aeja Ahns hus, och huset var helt fullt med människor. Det andra bönemötet hölls i min butik. En person, vars arm var bruten och som hade den gipsad, blev helad och tog av sig gipset. En kvinna som inte hade kunnat bli gravid kom och mottog förbön. Strax efter det hörde jag att hon hade blivit gravid. Det tredje mötet hölls på ett berg. Mer än 40 personer kom på mötet. Somliga av dem var seminariestudenter och pastorer. En kvinna hade blivit opererad i sin ryggrad men hade fått återfall av samma problem. Man sa att hon var i en mycket kritisk situation, men hon ville ändå komma på bönemötet. En av medlemmarna fick kämpa för att hjälpa henne upp på berget, och jag bad för henne under bönestunden. Hon blev fullständigt botad där på berget och kunde gå nerför berget helt själv! Det fjärde bönemötet hölls också på ett berg, och många seminariestudenter var med på mötet. Guds ord kom över oss,

"Efter detta möte kommer det att komma en prövning för dig. Men oroa dig inte, tro bara på Mig och be. Jag kommer att återbetala dig med välsignelser."

Strax därefter kom en prövning emot mig. I juni 1982 gjorde jag mina sista tentamina för terminen och återvände hem. Men en av professorerna kom hela vägen hem till mitt hus. Jag visste att det inte var vanligt. Han började med att säga, "Jag har varit på många böneberg och bett mycket, så jag känner till en hel del om den andliga världen också. Du har ett andligt djup och jag vet att du har blivit välsignad med många andliga gåvor. Eftersom du är på väg att starta en församling, har fienden djävulen och Satan rest sig upp emot dig. Pastor, jag tror att du gör bäst i att stoppa dina planer på att starta en församling. Vi professorer hade ett möte idag och de vill stänga av dig från utbildningen. Jag vet att du inte är en sådan slags person, men..."

Fienden djävulens verk i att störa starten av församlingen

Jag lyssnade på hans detaljerade förklaring och kunde jag förstå att det inte bara var min mentor professor utan också pastorn i min församling som hade missförstått mig. Jag utfrågades, "Pastor, under bönemötena på berget, sa du att du var Kristus? Tog du med dig en kvinna och tillät du henne också att lägga sina händer på andra pastorer? Jag har aldrig sagt att jag var Kristus, och jag har aldrig låtit en kvinna lägga sina händer på andra pastorer."

Eftersom det skedde många helande underverk när jag bad för människor på mötena, var det en av mina klasskamrater som var avundsjuk på detta och hade kommit med falska anklagelser mot mig till min mentor professor. "Pastor Jaerock Lee håller på med sådant som orsakar grupperingar och splittringar. Han säger att han är Kristus."

Detta fullständigt påhittade rykte spred sig på väldigt kort tid. Professorerna som hade undervisat mig under fyra år hade dessutom beslutat att stänga av mig enbart baserat på dessa rykten utan att ens höra något från mig, men ändå. Jag besökte inte eller talade med människor för att bevisa min oskuld. Jag kände att jag var i en svår situation, men när jag bad till Gud, sa Han till mig att tacka, glädja mig och be för dessa människor med kärlek.

I september började den nya terminen. När jag kom till skolan hörde jag att mina klasskamrater diskuterade när det gällde mitt problem. De sa att klasskamraten som hade kommit med falska anklagelser hade beslutat att inte fortsätta skolan på grund av omvändelse. Jag besökte honom och uppmanade honom att registrera sig för jag hyste inget agg eller missförstånd mot honom. Gud arbetade på ett sånt sätt att alla problemen löste sig väldigt smidigt. Även den som hade kommit med falska anklagelser mot mig kom upp i ljuset. Efter att jag hade startat kyrkan och hade invigningsmötet, kom många professorer och firade tillsammans med oss, inklusive de som en gång hade missförstått mig. Då vi tog examen hade vi en avskedsfest för professorerna i min kyrka då vi uttryckte vår tacksamhet till dem.

Ett svar mottaget, "Manmin - Hela Skapelsens Kyrka"

Eftersom jag började seminariet vid en ganska hög ålder, ville jag tidigt starta en församling. Eftersom jag inte var så vidare ung längre, bad jag om namnet på församlingen redan under mitt första år på seminariet, men inget svar kom. Svaret kom just innan församlingen skulle startas.

"Kalla den 'Manminkyrkan'. När tiden är inne och du gör en pilgrimsfärd kommer du att förstå varför jag gav dig detta namn "Manmin"."

1989 gjorde jag en pilgrimsresa till det Heliga Landet. I Getsemane bad Jesus tills Hans svett blev blodsdroppar som föll till marken för att uppfylla den djupa omsorgen i korset och frälsa alla folk och nationer. Vid denna plats såg jag "Alla Nationers Kyrka" och många känslor kom över mig. Gud sände Jesus Kristus som ett försonande offer för att frälsa alla nationer och alla människor. Gud vill uppfylla sin omsorg i de sista dagarna, och Han vill uppnå världsmission med evangeliet om helighet, och Han gav oss namnet "Manmin" som betyder "hela skapelsen".

I början av församlingsstarten, kallade vi församlingen 'Manminkyrkan' men eftersom vi förväntade oss att etablera många församlingsgrenar benämnde vi den 'Manmin Joong-ang (Central) kyrkan'.

Varför vill du göra det på det svåra sättet?

"Pastor, varför vill du starta en församling? Vet du inte hur svårt det är att starta en församling?" "Du kommer bara att få äta gröt under många år. Vill du inte att dina barn ska kunna få en utbildning? Vet du inte hur svårt det är att samla troende nu för tiden? Kan vi inte bara arbeta tillsammans i denna församling?" "Pastor, när du väl har startat församlingen kommer du att få gråta många stunder".

När jag var på väg att starta församlingen, fanns det många människor som försökte stoppa mig. Det var ett faktum att många nya församlingar hade dessa problem. Somliga pastorer startade en församling genom att ta ett lån för byggnaden och annat nödvändigt. Men då församlingen inte växte som förväntat fick de lida under skulderna. Många av dessa gick runt med förtvivlan och en känsla av hjälplöshet. Men eftersom jag trodde på Gud den Allsmäktige blev mitt hjärta inte alls skakat. Jag kunde bara inte säga emot dem rakt upp i ansiktet som gav mig råd för jag ville inte genera dem. Jag svarade bara till mig själv, "När jag väl har startat en församling kommer den att vara framgångsrik och det kommer inte bli några problem. Jag kommer att frälsa många själar och församlingen kommer att växa snabbt. Då kommer vi ge Gud all ära!"

Jag förlitade mig på Guds ord i Filipperbrevet 4:13, *"Allt förmår jag i honom som ger mig kraft"* och i Matteus 9:29 som säger att som man tror ska det ske med en, och i Matteus 13:8 där jag blev försäkrad att om vi sådde, lovade Gud oss att Han skulle belöna oss 30, 60 eller 100 gånger mer än det som såtts. Om du studerar Guds älskade tjänare, kan man se att Mose och aposteln Paulus blev ansedda som gudar av folket på grund av att Gud var med dem (2 Mosebok 7:1, Apostlagärningarna 14:11).

Om Gud är med oss, är ingenting omöjligt. Jag trodde på det. Jag var övertygad om att om jag, som Hans tjänare, koncentrerade mig på Ordet, bad och följde Hans vilja, skulle

Gud svara mig och ta hand om allt det ekonomiska, platsen, och arbetarna i församlingen. Eftersom jag hade tron att jag kunde göra vad som helst genom Honom som gav mig kraften, fick jag en vision. Jag bad i detalj om visionen och drömmen jag hade och jag bekände den med mina läppar.

Lydde den Helige Andes ledning

I maj 1982 sa Gud till mig att jag skulle starta församlingen när solen var stekande het och Han ledde mig till ett kvarter i Shindaebang, i Dongjakdistriktet i Seoul, en plats som jag aldrig hade hört om förut. Eftersom jag inte kände till området, frågade jag många människor om hur man skulle ta sig dit. Eftersom området inte var så utvecklat på den tiden fanns det inte så många byggnader, och trafiken var inte tung heller. Där fanns en plats med totalt 84 m². Den månatliga hyran var 150,000 won (1050 kr) med en säkerhetsdeposition på 3 miljoner won (21,000 kr). Jag träffade ägaren för att skriva kontrakt och han sänkte hyran till 120,000 won.

Gud förberedde pengarna för församlingsstarten

Gud gav oss alla pengar vi behövde för att starta församlingen genom Diakonissa Aeja Ahn. Hon brukade be ungefär fem timmar om dagen. Hennes son hade varit med om en trafikolycka och fått 3 miljoner won som kompensation. Hon lovade sig själv att offra dessa pengar till Gud som ett offer till en kyrkobyggnad. Men hennes icke-troende make hade använt upp pengarna på annat sätt så kände hon alltid en börda i sitt hjärta.

Hon tänkte alltid på att hon fortfarande behövde ge 3 miljoner som ett byggnadsoffer. Under denna tid mötte hon min familj och hon slöt sig till mig när jag startade församlingen.

Eftersom hennes makes möbelfabrik inte gick bra var hennes hus belånat. Om de inte betalade av skulden skulle huset bli sålt till ett mycket lågt pris. De lade ut huset för försäljning till priset av 20 miljoner won (140,000 kr) men ingen var intresserad av att titta på huset. De sänkte priset till 15 miljoner won, men ändå var det ingen som ville köpa huset. Under tiden kom Guds ord över Diakonissa Aeja Ahn på ett bönemöte på Samgak böneberg,

"Offra en tredagarsfasta och lyft upp ditt hus. Höj priset så mycket som du har tro för och jag kommer att göra något. Använd 3 miljoner won från den utökade summan till att ge till församlingsstarten."

De lade återigen ut huset för försäljning men ingen hade ju velat köpa det på så många år. De trodde att om de höjde priset skulle mäklarna skratta åt dem. Diakonissa Aeja Ahn tänkte igenom det hela mycket noggrant och höjde slutligen priset med 3 miljoner won. Hon ville sälja det för 18 miljoner won. Mäklarna visste inte vad de skulle säga.

Men när hon kom hem från mäklarens kontor var det någon som följde med henne och tittade på huset. Han sa att han hade hittat sitt drömhus och skrev kontrakt på 18 miljoner won. Diakonissan ångrade sig att hon inte hade höjt priset till 20 miljoner won, om hon bara hade visat mer tro. Gud arbetade för henne att sälja hennes hus som inte hade kunnat säljas under en väldigt lång tid. Hon kunde betala av sin familjs skulder och offrade 3 miljoner won, vilket var precis vad som behövdes för att starta församlingen.

Omvände mig helhjärtat från att i hjärtat ha förlitat mig på människor

När jag förberedde församlingsstarten, förväntade jag mig att åtminstone 40 personer i min omgivning skulle följa med mig när jag startade församlingen. Jag trodde att de skulle komma med från början av församlingsstarten eftersom jag trodde att de kände mig väl och att de älskade mig. Men verkligheten var en annan. Den 25 juli 1982 hade vi invigningsmötet, men helt oväntat kom ingen av dessa personer som jag hade förväntat mig se på mötet. När jag såg att mina goda systrar, som hade lovat att komma på invigningsmötet, inte kom förstod jag att Gud hade stoppat dem. Gud ville inte att jag skulle förlita mig på någon av mina syskon. Jag bad, "Gud, tack för att du lät mig förstå att jag hade en längtan att förlita mig på mina släktingar. Snälla förlåt mig för att jag försökte förlita mig på människor. Nu har jag förstått Din vilja. Jag ska inte förlita mig på någon människa utan bara på Dig Gud, och göra allt genom bön."

Efter invigningsmötet förstod jag att jag fortfarande hade en önskan av att förlita mig på människor och omvände mig helhjärtat inför Gud. Jag bad till Gud om att sända församlingsmedlemmar, och kyrksalen blev fylld av troende som Gud sände dit varje vecka.

Börja Från Ingenting

Nio vuxna och fyra barn

När vi hade invigningsmötet var byggnaden ännu inte färdig. Det fanns inga fönsterkarmar, ingen predikstol och det fanns ingen golvmatta. Det var som ett ofruktsamt land. Vi delade in utrymmet i två delar med ett draperi. Ena sidan användes som min familjs boende och den andra halvan användes som kyrksal och bönerum. Det kom 9 vuxna och 4 barn, inklusive min egen familj, på invigningsmötet. Det var några få mötesdeltagare förutom min familj. Jag predikade budskapet med titeln "Tro är den mest dyrbara skatten". Historien om Manmin Central Church – Hela Skapelsens Kyrka, började från ingenting. Eftersom den var nystartad hade vi inga pengar, men många utgifter. Men jag lånade aldrig något, varken från släktingar eller från någon annan. Jag bad enbart till Gud. Jag var redo att till och med fasta om Gud inte skulle förse mig. Men när vi inte hade något att äta, gav Gud oss mat på något sätt genom någons händer. Jag kunde till och med få vattenmelon som jag älskade, under hela sommaren.

Bad tillsammans 5-6 timmar per dag

Offren som kom in varje vecka efter invigningsmötet var ungefär trettio till fyrtio tusen won, men med dessa pengar kunde jag inte ens betala månadshyran på kyrksalen. Fyra till fem medlemmar samlades tillsammans och bad i 5-6 timmar per dag, svettandes i hettan. Eftersom det inte fanns några församlingsmedlemmar behövde jag inte besöka dem för att ta hand om dem. När vi bad i bönerummen blev vi alldeles genomväta av svett. Jeremia 33:3 säger, *"Ropa till mig, så vill jag svara dig och låta dig höra om stora och ofattbara ting som du inte känner till"*. När vi ropade till Gud i vår bön sände Gud oss troende och gav oss allt som var nödvändigt i kyrkan.

"Gud, ge oss en mikrofon"

Efter att vi hade bett en vecka hade vi en mikrofon. Nästa vecka behövde vi en telefon och vi bad om det och vi fick det. Eftersom det inte fanns många församlingsmedlemmar på den tiden arbetade Gud genom fredagsbönenatten. Andra församlingars medlemmar som kom till våra fredagsbönenätter tog emot mycket nåd och en efter en offrade saker som kyrkan behövde. På detta sätt fick vi draperier, predikstol, piano, elektriska fläktar och till och med en klockstapel med ett kors. Två månader efter invigningen hade vi allt vi behövde.

I Apostlagärningarna står det att Guds tjänare måste kunna koncentrera sig på Ordet och bönerna. Så jag lämnade allt med underhåll och annat praktiskt i kyrkan till medlemmarna så jag kunde fokusera på Guds Ord och bönerna. Jag visste ännu inte så mycket av Guds Ord på den tiden, men det jag förstod av Guds vilja predikade jag på fredagsbönenätterna och på söndagsgudstjänsterna genom den Helige Andes inspiration.

Trots att jag saknade god talförmåga fick åhörarna tag på liv och tro från predikningarna eftersom de var rena och andliga budskap. Gärningarna efterföljde också Ordet. När medlemmarna började praktisera ordet växte deras tro och de började ta emot bönesvar. Från den tid då församlingen startades sände Gud nya troende till oss varje vecka och de fick tag på liv genom budskapen. När de såg Guds mirakler ske på fredagsbönenätterna tog de emot nåd och deras tro växte.

Finna svaret i Bibeln

Eftersom de tidiga församlingarna blev etablerad genom apostlarna som hade blivit undervisade av Jesus själv, följde de Herrens vilja och Gud hade välbehag till dem och lät fler bli medlemmar bland dem som blev frälsta. De tidiga församlingarna blev mina förebilder och mål att ta efter ända tills Herren kommer tillbaka. Det bästa sortens församling som Gud vill ha är inte bara en församling som har en stor kyrkobyggnad eller stor mängd medlemmar, utan det är församlingen som efterliknar de tidiga församlingarna. När vi följer de tidiga församlingarnas exempel, som följde Guds vilja, välsignar Gud oss med konstant väckelse i församlingen.

"Och fruktan kom över alla, och många under och tecken gjordes genom apostlarna. Alla troende var tillsammans och hade allting gemensamt. De sålde sina egendomar och allt vad de ägde och delade ut till alla, efter vad var och en behövde. Varje dag var de endräktigt tillsammans i templet, och i hemmen bröt de bröd och höll måltid med varandra i jublande, innerlig glädje. De prisade Gud och var omtyckta av allt folket. Och Herren ökade var dag skaran med dem som blev frälsta" (Apostlagärningarna 2:43-47).*

För att ta efter exemplet från de tidiga församlingarna då man varje dag samlades i templet, hade vi bönemöten varje dag och spred Guds ord, bröt kärleksbrödet nämligen Guds ord (Johannes 6:48) och praktiserade det. Gud var med oss och visade sina tecken och under, och för att nya medlemmar registrerades varje vecka växte församlingen väldigt fort.

Förlita sig enbart på Ordet

Efter församlingsstarten var vi tvungna att spara varje öre. Men, jag kände till hemligheten i att ta emot välsignelserna som det står om i Lukas 6.38, *"Ge, och ni skall få. Ett gott mått, packat, skakat och rågat skall Gud ge er i famnen. Ty med det mått som ni mäter med skall det mätas upp åt er."* Jag försökte hjälpa de behövande att lita på ordet.

Vi hade tio seminariestudenter i vår församling och vi var tvungna att hjälpa dem. Det var inte lätt att ens betala hyran för kyrkan, som var 120,000 won (840 kr). Några veckor efter församlingsstarten hade vi mottagit några offer som gjorde att vi med tron på att Gud skulle välsigna oss, tog en del av offret och sände det till några andra nystartade församlingar i vårt samfund. Vid invigningsmötet hade varje medlem gett ett löftesoffer om att ge 1 miljon won (7,000 kr) till seminariebyggnaden som tillhörde vårt samfund. Vi försökte vårt bästa att bli en församling som hjälpte andra genom att lita på ordet.

När jag startade församlingen letade jag efter en församlingsförebild att ta efter i Bibeln och det blev den tidiga församlingen i Apostlagärningarna.

"Om Ni Inte Ser Tecken och Under, Tror Ni Inte."

Etableringsmöte

När jag bad för etableringsmötet, gav Gud mig ett ord och sa, "Ge mig etableringsmötet när all skörd har bärgats, innan den första frosten." Den 10 oktober 1982 hade vi etableringsmötet, och redan då hade vi mer än 100 medlemmar. Allt sedan invigningsmötet hade Gud sänt oss många medlemmar och kyrksalen var redan för liten. På en fredagsbönenatt var det fler än 100 deltagare, på bara 50 m2, så det fanns människor i bönecellerna och som stod i trapporna. Så efter etableringsmötet började vi hyra källaren också.

När jag bad för juletiden, sände Gud oss många begåvade människor för att förbereda i biblisk bön, så vi kunde ha ett festligt arrangemang. Gud sände oss en person som hade goda förmågor i att arrangera blommor och en skådespelerska som också var en god dansös. Hon lärde ut några danser och

Invigningsmötet

handrörelser i söndagsskolan. Snart kunde medlemmarna förbereda festligheter själva. Vid den tiden predikade jag mer än tio budskap per vecka i olika möten inklusive gryningsbönemötena. Jag gick också fortfarande i skolan eftersom allt detta skedde innan jag hade tagit min examen från seminariet. Vi hade också alltid nattbön, men vid klockan fyra på morgonen, ledde jag gryningsbönen också. Allt eftersom nyheterna om att det skedde många helanden spred sig, kom många sjuka människor från hela landet, och jag bad för varenda en av dem, många gånger varje dag.

En förändrad familj

Innan Herr Youngsuk Kim lärde känna Jesus drack han

mycket alkohol. När hans hosta inte avtog uppsökte han ett sjukhus. Det diagnostiserades att han hade tuberkulos i sitt lymfsystem. Han skulle vara tvungen att genomgå en operation och vila i över ett år, men det skulle han inte ha råd med. Hans fru led av urinvägsinflammation efter en barnafödsel. Hon hade förlorat hoppet till den grad att hon försökte begå självmord, men lyckligtvis överlevde hon. I oktober 1982 hörde Youngsuk Kim nyheterna om vår församling och gick med som medlem. Han svor en ed att göra en tiodagars morgonfasta och gryningsbön. Han hade hög feber och en besvärlig hosta. Men då han såg många andra sjuka människor bli helade växte hans tro så att han också kunde bli helad. Jag bad ofta för honom. På den tionde dagen sjönk febern och hostan upphörde. Han hade visshet om att han hade blivit helad och bad om en ny läkarundersökning. De sa att tuberkulosen var borta. Den hade blivit totalt helad genom den Helige Andes eld. Efter det gick hans fru också med som medlem i församlingen och snart var hon helad från urinvägsinflammationen. Deras dotter fick också hälsan tillbaka. Youngsuk Kim började studera teologi som ett uttryck av tacksamhet till Guds nåd. Han betjänar idag som pastor.

Fredagsbönenatt med mirakulösa bibliska tecken

Fredagsbönenatten samlade människor från hela landet. Det blev ett slags samfundsobegränsat möte. Den smala kyrksalen var full av människor. Hettan från den Helige Ande var så stark, och från taket droppade kondensdroppar. Medan deltagarna passionerat prisade Gud och bad till Honom pågick mötet, som startade klockan 23, till 6 på morgonen. I det att man på varje bönenatt såg många sjuka bli botade och ställa sig upp och gå och hoppa kom fler och fler människor till bönenätterna.

De som hade fått dödsdomar på sjukhuset blev botade så snart de kom in i kyrkan och de som kom med kryckor började gå och hoppa. De blinda började se och stumma började tala, och de som inte hade kunnat bli gravida blev gravida. En man kom med en bruten hand och efter förbön kunde han röra den utan problem.

En person med leukemi botad

En dag kom en blek kvinna till mig för att få förbön. Hon sa till mig att hennes doktor hade sagt att hon hade 15 dagar kvar att leva. Detta är hennes livsberättelse. Hon hade blivit kristen redan som ung i söndagsskolan. Men vid någon tidpunkt i livet friade en icke-troende man till henne. Hon svarade att hon bara kunde gifta sig med en troende så han gick med som medlem i församlingen och gick i kyrkan en tid.

Kvinnan trodde att hennes man skulle leva ett gott kristet liv men efter några månader började hennes svärmor tvinga henne att tro på Buddha. Hon sa, "Vår familj har varit en buddistisk familj under många generationer så du måste också bli buddist". Eftersom hon inte gjorde som hennes svärmor sa, ställde hennes man sig på sin mors sida och tvingade henne att sluta gå till kyrkan. Han slog och förföljde henne. Om några problem uppstod i familjen fick hon skulden.

Hon kastades ut ur huset många gånger, men hon utstod allt. Men när hennes man började ha en affär med en annan kvinna kunde hon inte bära mer och slutade gå i kyrkan. Hon visste att hon borde gå till kyrkan, men hon var i sån förtvivlan, och slutligen drabbades hon av blodcancer, leukemi.

Fast hon inte gick till kyrkan mer fortsatte hennes man att ha en annan kvinna, och han fortsatte att slå henne.

Trots att hon led av leukemi var hennes man och svärmor mycket kalla mot henne, och de tag henne inte ens till sjukhuset. Efter att hon på sjukhuset hade fått veta att hon var döende, en dödsdom, hörde hon nyheterna om vår församling och kom för att få förbön från mig, i ett sista hopp att hålla fast vid Gud. Gud botade denna kvinna. Efter en tid kom hon tillbaka till mig och såg så frisk ut och hon tackade mig och gick hem igen.

Två sorters tecken

Jesus botade de sjuka och uppväckte de döda och Han gjorde många olika slags mirakler under sin tjänst. Han sa, *"Om ni inte ser tecken och under, tror ni inte"* (Johannes 4:48). Ett under är Guds verk som rör vid och orsakar en snabb förändring i väderleken. På Josuas tid stod ett slag i Gibeon, och solen stod stilla mitt på himlen (Josua 10:13). På Jesajas tid gick solens skugga tillbaka tio steg (2 Kungaboken 20:11), och de tre vise männen gick till Betlehem i det att de följde en stjärna som flyttade sig (Matteus 2).

Tecken är Guds verk som lämnar tydliga spår och bevis efter sig. Gud Fadern är ibland den som utför tecknen. Det finns händelser beskrivna under det Gamla Testamentets tid och en i Uppenbarelseboken 15:1. Markus 13:22 säger, "Falska messiasgestalter och falska profeter skall träda fram och göra tecken och under för att om möjligt leda de utvalda vilse". Denna vers säger "om möjligt" för att fastställa att det i verkligheten är omöjligt. Falska profeter har nämligen inte kraft att utföra tecken, men "om möjligt" ska de försöka att göra det, för att bedra människor, och till och med de utvalda. Exempel på tecken utfört av Gud Fadern är de tio plågorna i Egypten (5 Mosebok 6:22), och eldslågan som steg upp mot himlen (Domarboken 13:19-20).

Det finns ett annat slags tecken som görs av Herren och den Helige Ande tillsammans. Dessa tecken lämnar något slags spår efter sig. Vi läser om dem mest i Nya Testamentet. Exempel på tecken av Jesus är då han förvandlade vatten till vin, botade de sjuka och uppväckte de döda; och gjorde så att de blinda kunde se, döva höra, och stumma tala. Dessa tecken kan inte utföras av människor (Johannes 6:2). Efter att Jesus predikade Guds Ord utförde Han tecken så att de som såg dem kunde tro att Guds Ord är den absoluta sanningen. Det är förstås mer välsignat att tro utan att ha sett dessa bevis, men det är inte heller lätt att ha sann tro utan att ha sett. I det att synden överflödar blir människors hjärtan förhärdade, och det är svårare för dem att få sann tro. Det är en fördel och mer effektivt att ha efterföljande tecken och under när man idag sprider evangelium och frälser själar.

Dessa tecken skall följa dem som tror

Vissa troende tror inte eller tycker snarare att det är konstigt när vi säger att de tecknen vi läser om i Bibeln fortfarande sker idag. Andra tvivlar och tänker, "Jag har bett med tro, så varför har Guds verk inte skett?"

Men Jesus sa verkligen, *"Tecken skall följa dem som tror detta. I mitt namn skall de driva ut onda andar. De skall tala med nya tungor. De skall ta ormar i händerna, och om de dricker något dödligt gift skall det inte skada dem. De skall lägga händerna på sjuka, och de skall bli friska"* (Markus

16:17-18). "De som tror detta" syftar på dem som har en perfekt andlig tro. Det finns ett mått av tro som vi finner i Romarbrevet 12:3. Det fungerar precis som processen för ett frö att gro, växa, slå ut och bära frukt. När vi väl har sått fröet av tro i oss, kommer tron att växa beroende på hur vi tar hand om den. Därför är var och ens mått av tro olika. Efter det sätt vi praktiserar ordet och förändrar våra hjärtan till att bli sanna hjärtan kommer Gud att ge oss andlig tro från ovan (Hebreerbrevet 10:22). Om vi därför växer upp och får perfekt tro som efterliknar den i Jesu hjärta, kommer tecken att åtfölja oss.

Vi kommer att kunna driva ut demoner i Jesu Kristi namn och tala i nya tungor. Att "ta ormar i händerna" betyder att vi andligt sett förgör Satans verk med Guds ord. De som har nått en nivå av perfekt tro kommer inte att bli påverkad av några sjukdomar eller bakterier, och även om de omedvetet dricker något dödligt gift så skall det inte skada dem eftersom Gud bränner bort det med den Helige Andes eld. Det var så det gick till då aposteln Paulus blev biten av en giftorm på ön Malta (Apostlagärningarna 28:5). Men om du testar Gud och dricker något som du vet är giftigt kan Gud inte beskydda dig. Med perfekt tro kan vi också utföra helandegärningar med Guds kraft till och med när vi ber för obotliga sjukdomar.

Vad är "nya tungor"?

Vad betyder orden "nya tungor"? Att tala med andra tungomål är en gåva från den Helige Ande som Gud vill att alla Hans barn ska ta emot (1 Korinterbrevet 14:5). Vi ber vanligtvis till Gud på vårt eget språk. Det är hjärtats bön. Men ibland ber vi i tungor, vilket är bön i anden (1 Korinterbrevet 14:15).

När vi förstår att vi är syndare, omvänder oss och accepterar Jesus i hjärtat, ger Gud oss sin Helige Ande som en gåva och många gånger ger Han också gåvan att tala i tungor, som är en av gåvorna från den Helige Ande. När vi tar emot den Helige Ande blir den ande som varit död sedan arvsynden från Adam upplivad. När vi tar emot gåvan att tala i tungor, ber denna ande själv till Gud. Om vi som kristna tar emot gåvan att tala i tungor och ber kommer vi kunna ta emot mer kraft i bönen och vår själ kommer att ha framgång.

När jag var en ny troende bad jag av hela mitt hjärta under bönenätterna och när jag växlade över till att be i anden, i tungor, började jag sjunga med andra tungor genom den Helige Andes inspiration. I det att jag kom djupare in i lovsången i andra tungor hände det att mina händer omedvetet lyftes upp och jag började dansa. Härifrån kom jag in i djupare bön och jag talade med nya tungor. Att tala med nya tungor är en väldigt kraftfull bön.

När Jag Befaller I Jesu Kristi Namn

Inte ens testa på plantor

Hur tacksamt det är att de förundransvärda gärningar Gud gjorde, som Jesus visade på denna jord för ungefär 2,000 år sedan, sker på samma sätt för varenda en som ber med tro! Allt sedan jag var nyfrälst, trots att jag inte kände till så mycket om Guds ord, hade jag bett oräkneligt antal böner om att kunna utföra alla kraftfulla Guds verk som profeterna och apostlarna utförde. Redan innan församlingen startades hade de tecken som efterföljer dem som tror, börjat ske.

Just efter starten 1982 kom det in ungefär 30-40,000 won (210-280 kronor) varje vecka i offer. Vi ville ha några blomsterdekorationer vid altaret men vi hade varken någon som kunde göra det, och inte hade vi heller några pengar att köpa blommorna för. Men i augusti tog någon med sig en kruka med en liten bladrik planta. Det var ingen blomsterdekoration men vi hade i alla fall en kruka och det var underbart och uppskattat. Men efter cirka två veckor började bladen gulna och plantan var döende. Jag kände mig ledsen eftersom den underbara plantan höll på att dö. Om Gud kunde uppväcka en död man, skulle Han då svara mig om jag bad för den här plantan? Med denna tanke i mitt huvud lade jag min hand på plantan och bad, "Få nytt liv i Jesu Kristi namn!"

När jag följande dag kom till kyrkan för att leda gryningsbönen, hade de gulnade bladen blivit gröna igen. Dagen efter det hade plantan fullständigt fått livet tillbaka och hade nu härliga livfulla blad igen. Jag fröjdade mig tillsammans med medlemmarna och gav Gud äran. Jag var väldigt glad och nöjd över att ha fått uppleva att den döende plantan fick liv igen. I september gavs en krysantemumblomma till kyrkan. Jag såg de underbara blommorna och kände att jag ville testa om blommorna skulle dö om jag bad om att de skulle dö. När Jesus förbannade fikonträdet, torkade det ut. Så om jag bad och befallde att denna krysantemum skulle dö, skulle den då dö?

Jag bad och befallde att krysantemumblomman skulle dö, bara för att ha fått göra den erfarenheten. Men jag kände ofrid i mitt hjärta. När jag bad samma kväll hörde jag Guds ord som hårt tillrättavisade mig, trots att ingen hade sett mig förbanna plantan.

"Min tjänare, även en planta har liv i sig och har skapats av Gud, och hur kunde du förbanna den? Vill du pröva mig? Min tjänare, du är ond. Omvänd dig. Du kan inte bara välsigna och förbanna när som helst. Du måste göra det när den Helige Ande i ditt hjärta leder dig att göra det."

Jag blev så förvånad av orden att jag svettades. Jag påbörjade direkt en tredagarsfasta och omvände mig helhjärtat. Efter den händelsen, närhelst någon förföljde mig, talade illa om mig och förbannade mig, så hatade jag dem inte eller bad med avsky emot dem. I enlighet med Guds ord har jag bett för dem som har förföljt mig och välsignat dem med kärlek.

Världsmissionsplikt

"Ropa till mig, så vill jag svara dig och låta dig höra om stora och ofattbara ting som du inte känner till" (Jeremia 33:3).

Baserat på denna vers började jag min bönebrottning med Gud, som Jakob gjorde vid floden Jabbok. När jag ropade ut i bön och fastade i lydnad till Guds ord och försökte leva efter ordet, uppfyllde Gud sitt ord. Jag började höra Guds röst och emellanåt fick jag se stora och mäktiga ting. Ibland lät Gud mig få veta i förväg vad som skulle ske i nationen och hur världssituationer skulle förändras. När vi startade församlingen lät Gud oss veta att genom vår församling skulle världsmission utgå på ett mäktigt sätt och att vi skulle bygga en stor helgedom för Honom.

Eftersom jag var kallad att vara Hans tjänare, bad jag om att kunna bli en tjänare som skulle sprida evangeliet till alla människor och frälsa många själar. Då gav Gud mig plikten att uppnå världsmission och Han sa följande till mig, *"Du kommer att resa över berg och floder och hav och utföra tecken och under"*. Han gav mig också plikten att predika evangeliet till det utvalda folket Israel under de sista dagarna. Han lät mig få veta att evangeliet skulle återvända till dess hemland och att även judarna som inte erkände Jesus som sin Frälsare skulle omvända sig.

Visionen om att bygga den Stora Helgedomen

Direkt efter att församlingen startades gav vi tillfälle för helande på varje fredagsbönenatt och Gud gav en av medlemmarna varje vecka gåvan att se visioner. Jag prövade personligen alla medlemmarnas gåvor att de verkligen var från Gud. Gud ger oss den Helige Andes gåvor eftersom de är till fördel för oss, men ibland tar människor inte emot Guds gåvor utan Satans gärningar och ser något väldigt underligt. Därför behöver vi kunna skilja mellan andar på ett korrekt sätt.

En dag i september 1982 visade Gud en vision till 17 medlemmar som gällde den Stora Helgedomen som vi skulle bygga. En såg taket, en annan såg inredningen, en annan såg baksidan och ytterligare en såg de vackra marmorpelarna. Taket kunde öppnas i mitten i form av ett kors så att solljus skulle kunna komma in. Predikstolen i den Stora Helgedomen var placerad mitt i kyrksalen och roterade långsamt. En medlem såg mig predika där och hela kyrksalen var full av människor.

Med dessa olika synvinklar som våra medlemmar såg, konsulterade vi en expert och konstruerade en bild över helgedomen utifrån ett fågelperspektiv. Vi har fortfarande den bilden på den Stora Helgedomen på vårt veckoblad. För att kunna uppfylla drömmen som Gud gav oss i församlingens begynnelse har vi fortsättningsvis bett med tro.

Gud förklarade för oss varför den Stora Helgedomen var nödvändig i den sista tiden och hur den skulle byggas. Vi kan inte bygga den Stora Helgedomen som Gud vill ta emot sin ära genom bara för att vi har pengar. Gud vill att Hans Helgedom ska byggas genom sina barn som passionerat älskar Honom och som har fått sina hjärtan omskurna och strävar efter helighet.

Första väckelsen i min hemstad

I februari 1983 ledde jag den första väckelsekampanjen i min hemstad Heje, i Cholla Nam-Do's Muandistriktet. Men medlemmarna i församlingen där kom inte. Istället fylldes kyrkan av andra människor från byn.

De hade en sorgsam berättelse. En annan församling i en närliggande by som tillhörde ett stort samfund frestade församlingsmedlemmarna med pengar och nästan alla medlemmar höll på att byta församling. Så pastorn arrangerade kampanjen för att försöka hålla kvar de medlemmar som ville byta, men de samarbetade inte och kom inte till mötena. Orsaken var att pastorn inte hade inbjudit någon känd väckelsepredikant utan den ännu icke-ordinerade och okände pastorn vid namn "Jaerock Lee".

Gud manifesterade stora mirakler redan på det första mötet. En kvinna som inte hade kunnat gå på tio år och som inte kunde sova på grund av knivskarp smärta i sina ben lyssnade på budskapet och fick tro. Genom böner kunde hon ställa sig upp, gå och hoppa. Nyheterna spred sig direkt över hela bygden och följande dag kom pastorer och medlemmar från hela området. Väckelsemötena fortsatt med kyrkan full av människor som kom från alla möjliga platser.

Där fanns en äldre kvinna vars rygg var böjd i 90 grader. Hon var tvungen att gå med ansiktet nerböjt mot marken. Denna äldre kvinna betjänade mig, som var talare, med varma drycker vid varje möte i gryningen, på dagen och på kvällsbönemötena, till och med då det var kallt ute. Jag tyckte egentligen inte om drycken hon gav mig, men jag drack den ändå med tanke på all den möda hon hade lagt ner. På den sista dagen blev hennes rygg fullständigt uträtad. Många andra upplevde också Guds helandeverk och gav Honom all ära. Då kom många församlingsmedlemmar till insikt och förstod att de gjorde fel, och de omvände sig inför sin pastor och fortsatte delta på de återstående mötena.

Befalla kolmonoxid i namnet Jesus Kristus

På den tiden använde de flesta hem en stor typ av kolbriketter för uppvärmning. På vintern inträffade det därför många olyckor. Varje dag hörde vi nyheter om människor som dött eller behövt sjukhusvård på grund av gasförgiftning. Den 12 februari 1983 hade vi en fredagsbönenatt just innan det koreanska nyåret. Min familjs bostad låg i vår kyrkobyggnads källare på den tiden. Vi hade några sovrum, ett vardagsrum, ett rum för vaktmästaren och kontor.

Innan fredagsbönenatten började var det en ung man vid namn Suk-ki Park som tänkte att eftersom fredagsbönenatten var starten på nyårshelgen övervägde han att inte komma på söndagsmötet utan gå och träffa några vänner istället. Nu kände han sig lite dåsig och ville ta en kort tupplur och sedan återvända till bönemötet. Han gick ner i källaren där min bostad låg.

Han trodde att han bara skulle somna till en liten stund, men han föll i djup sömn. I mitt sovrum låg mina tre döttrar och sov. I kyrksalen, som var ca 50 kvadratmeter, var fylld med mer än 150 människor som var på mötet, så det fanns inget utrymme för barnen. Kyrkan var överfull av människor på mötet. De var till och med i bönerummen och stod i trappan utanför kyrksalen.

Eftersom det var en mycket molnig dag den dagen, med tunga skyar, hade kolmonoxiden inte blivit tillräckligt ventilerad. Eftersom fredagsbönenatten började klockan 23 och slutade klockan 6 på morgonen blev den unge mannen och mina tre döttrar exponerade för dödlig gas under mer än sju timmar. Den unge mannen sa att han hade vaknat upp en gång men eftersom hans kropp redan hade blivit stel kunde han inte röra på sig. När mötet avslutades och medlemmarna hade gått hem gick vaktmästaren ner och blev den första som fick se vad som hade hänt. När han hittade dem ropade han, "De är döda"! Nödropet nådde de som var kvar i kyrksalen och de skyndade sig ner. Medlemmarna förde mina tre döttrar och den unge mannen, som alla hade förlorat medvetandet, in i kyrksalen. Deras ögon var vita och de hade fradga i sina munnar.

Mina döttrar andades knappt längre, och den unge mannen Suk-ki Park hade slutat att andas. Hans kropp hade blivit likstel. Jag kände mycket väl till farorna med kolmonoxid men eftersom jag aldrig hade upplevt det tidigare trodde jag inte att de kunde återupplivas. Det var nästan otänkbart att Gud skulle uppväcka dem genom mina böner. Även om de kom till sjukhus och fick vård och blev återupplivade skulle de bli mentalt eller fysiskt handikappade eller till och med hamna i ett vegetativt tillstånd för resten av sina liv.

Jag hade just påbörjat min tjänst och om någon dog på grund av en olycka just efter församlingsstarten, hur skulle jag kunna fortsätta min tjänst? Jag kunde inte stå ut med att vanhedra Gud med något sådant. Jag gick upp till altaret och bad. "Gud, Du är den som ger livet och som tar det tillbaka. Jag tackar Dig för att mina döttrar är med Herren i himlen där det inte mer finns några tårar, sorg eller smärta. Men denna unga man som är en medlem i församlingen, om han dör, kommer det att vanhedra Dig. Snälla, låt denna unge man komma tillbaka till livet igen."

Efter det tackade jag Gud i bön och många medlemmar bad till Gud på deras knän om att de skulle uppväckas från de döda. Jag gick först till den döda unge mannen, lade min hand på honom och bad, "Jag befaller i namnet Jesus Kristus, kolmonoxid, försvinn! Fader, uppväck hans ande och bli förhärligad." Sedan bad jag för mina döttrar, en efter en. Efter att jag bett för den unge mannen bad jag för min yngsta dotter, Soojin. Medan jag bad för henne, ställde sig den unge mannen upp och gick och satte sig på körstolarna. Det såg ut som om han inte förstod vad som hade hänt eftersom han bara kom ihåg att han hade gått ner för att sova i källaren. Då jag bad för min andra dotter återfick Soojin medvetandet och satte sig upp. Inte ens en minut efter att jag hade bett för alla mina tre döttrar satt de alla upp. Medlemmarna som såg det gav ära till Gud med andefyllda känslor. Senare berättade den unge mannen att hans ande hade lämnat kroppen och hade sett allt som hade hänt från luften. Han hade sett hur vaktmästaren hade burit hans kropp upp i kyrksalen och att han mottog förbön från mig.

Eftersom kolmonoxid förstör hjärnceller var det ganska uppenbart att de skulle ha dött efter att ha andats in gasen i över sju timmar. Men om de hade kommit till sjukhus och om de hade blivit återupplivade skulle de ha fått men av gasens effekter. Men eftersom Gud helade dem och renade dem från gasen och alla möjliga komplikationer, fick den unge mannen och mina tre döttrar liv med full hälsa, utan några komplikationer. När en prövning kom emot mig på det här sättet förlitade jag mig enbart på Gud och övervägde inte ens att lita på världen. Efter detta test förstod jag att Gud gett mig kraft att kontrollera och råda till och med över livlösa ting som kolmonoxid.

I detta lärde Gud mig hur man driver bort gas från kolmonoxid. Eftersom gasen först paralyserar hjärnceller och sedan alla nerver i kroppen, tappar en person som exponeras för gasen först medvetandet och sedan blir kroppen alldeles stel. Så för att be för dem som blivit gasförgiftade lärde Gud mig att jag måste be genom att säga till kolmonoxiden, "Jag befaller i namnet Jesus Kristus, försvinn ut genom näsborrarna, munnen, och båda öronen och ut ur alla celler". På detta sätt kommer gasen som paralyserar hela kroppen att lyda befallningen och släppa kroppen och försvinna ut omedelbart.

Blev Inte Alla Tio Rena? Var Är De Andra Nio?

Jag bad och Gud visade mig

Under de två första åren efter församlingen startats besökte jag och tog själv hand om medlemmarna. Om någon av medlemmarna inte kom på söndagsmötet eller gick igenom svårigheter fastade och bad jag under natten för dem, och i deras ställe omvände mig under tårar. De flesta medlemmarna bodde en bit bort från kyrkan. Många av dem hade det också dåligt ställt och somliga var i personlig konkurs och i förtvivlan.

Ända tills församlingen hade växt till några hundra medlemmar kunde jag med en svepande blick se vilka som missat söndagsmötet. Jag fastade för medlemmarna och när det var svårt för mig att själv besöka dem sände jag någon av arbetarna för att besöka dem åt mig. Jag gjorde mitt bästa för att inte förlora en enda själ som Gud hade gett mig att förvalta.

Råd i kärlek

Med kärlek gav jag ibland råd eller pekade ut något för medlemmarna med önskan att de skulle förändras och växa upp i tron. När jag oroade mig för en medlem, och om jag bad för den personen i ca tio minuter, visade Gud mig och lät mig få veta problemen som den personen hade i sin familj eller på sin arbetsplats.

En söndag var en av de medlemmarna som aldrig missade ett möte borta. Jag kunde inte hindra mig själv från att bekymra mig för honom. Jag bad, "Gud, den här medlemmen kom inte till söndagsmötet. Vad har hänt med honom?" Gud visade mig att han var på en pub på söndagen. Efter en tid berättade jag för honom vad jag hade sett eftersom jag var övertygad om att han inte skulle ta illa upp eller falla om jag berättade för honom. När jag berättade det för honom blev hans ansikte rött och han erkände.

Det fanns en medlem som bara hade kommit på morgongudstjänsten och jag kunde inte hitta honom efter kvällsmötet. Han var en av dem som brukade helga sabbaten på ett ordentligt sätt. När jag bad angående honom visade Gud mig att han satt och drack på en bröllopsfest. Flera dagar senare berättade jag för honom, "En person som hade på sig ett klädesplagg med en speciell färg försökte övertala dig några gånger att ta en drink. Du nekade några gånger, men sedan gav du efter och drack." Hans ansikte blev också rött och han blev så generad.

Men med händelser som dessa kunde jag känna att medlemmarna som begick synder blev rädda för mig och försökte undvika mig. Eftersom jag såg medlemmarna begå synder, bedra och handla laglöst och begå äktenskapsbrott, grep det tag i mitt hjärta och jag bad till Gud under tårar.

En dag då jag var i bön hörde jag Herren tala till mig,

"Se inte på den nuvarande situationen som dina medlemmar befinner sig i. Se på dem med trons ögon och förvänta dig att se dem förändras i framtiden. Om de lurar dig, lyssna bara på dem och försökt inte ta reda på mer information... Om du bara ser på situationen som den ser ut idag kommer ditt hjärta att brista, din själ kommer att ruttna och du kommer att förlora hälsan, och då kommer du inte kunna göra din plikt."

Efter det lämnade jag allt i Guds händer och slutade be om att få veta vad mina medlemmar höll på med.

Det var inte bara människor med helandebehov som kom till kyrkan från hela landet, utan också dem som hade letat efter livets ord, med en andlig törst. Det kom människor som efter att deras problem blivit lösta och deras sjukdomar blivit botade, började tjäna Gud och överlåta sig själva till Honom och som såg upp och fram emot de himmelska belöningarna, medan andra gick tillbaka till världen i sökandet efter sina egna framgångar.

Kasta bort avgudar och komma in i ljuset

Kyeongsoon Park kom från en familj som tillbad avgudar innan hon kom till kyrkan. Hennes svärmor hade en dotter med ett tvehågset sinne, och mamman utförde åtminstone en andeutdrivningsritual varje månad för att bota henne.

Hon placerade också ut många lyckoamuletter och besvärjelser på möblerna, i kuddarna och till och med i taket. Hon hade dem i varje hörn i huset.

En kort tid efter att församlingen hade startat besökte jag huset för att ha en hemgudstjänst och jag kunde se demoners former och berättade för henne, "Det måste fortfarande finnas några lyckoamuletter kvar i huset". Hon insisterade, "Nej, pastor, jag har redan letat överallt och kastat ut dem allesammans". Återigen sa jag till henne, "Det finns en demon i huset som inte har lämnat. Det måste finnas fler amuletter. Hitta dem och bränn dem."

När Kyeongsoon Park genomsökte huset igen fann hon några fler amuletter. Hela familjen kastade bort avgudarna, blev medlemmar i församlingen och började leva sina liv i Kristus. Kyeongsoon Park blev botad från en hjärtsjukdom som hon hade lidit av under en lång tid. Hennes svärmor blev också botad från magproblem.

En ung man med obotlig tuberkulos

Det fanns många människor med lungtuberkulos på den tiden. Daehee Cho från Kwangju hade en gång haft lungtuberkulos då han gick på högstadiet. Han tog mediciner och tillfrisknade men när han började universitet började han dricka och röka, och han fick ett återfall i sjukdomen. Men denna gång fungerade inte medicinerna längre, ingenting fungerade. Hans mor försökte få tag på allt som hade rykte om sig att vara "ett bra botemedel" för hennes sons sjukdom och gav det till honom. Dessa "botemedel" var ormar, katter, färsk lever, mänsklig exkrementvätska, och till och med mediciner mot lepra. De utförde andeutdrivning, matade honom med fosterhinnsäck, fick tag på kött från ett lik på en gravplats och matade honom med det eftersom någon hade sagt att det var "bra som medicin".

I januari 1982 fick han sin diagnos vid sjukhuset Severance Hospital of Yonsei University. Hans lungor var redan förstörda och hoppet att bli botad var ute om. Han låg på sjukhuset men det fanns inget hopp om tillfrisknande. Hans mor gav upp och ville ta hem honom från sjukhuset. Då kom en äldre kvinna i familjen och besökte honom. Denna gamla kvinna bodde nära Manminkyrkan. Trots att hon aldrig hade varit med på något möte i kyrkan såg hon många sjuka människor som kom och som mottog helande. Hon såg dem gå runt friska och med full hälsa. Därför uppmanade hon sitt barnbarn att gå till Manminkyrkan. Den 13 mars 1983 kom Daehee Cho till en fredagsbönenatt. Han kände att det var hans sista hopp. Han var så avmagrad att han hade utstående ögon.

Han kom i detta tillstånd till möten för de sjuka varje dag med sin mor och han fastade under tre dagar. På den tredje dagens fasta gav Gud honom en ande av omvändelse och han omvände sig fullständigt tre gånger. På den trettonde dagen efter att han först hade kommit till kyrkan blev Daehee Cho övertygad om att han var botad. På gryningsbönemötet gick han till badrummet och spottade. Det kom inget blod. Föregående dag hade han spottat blod. Men denna dag fanns det inget blod i spottet. Den skarpa smärtan i bröstet var borta och nu hade han inte längre något blod i sina upphostningar eller spott. Senare kallades han att bli en Guds tjänare och nu är han i tjänst som en assisterande pastor i vår församling.

Jag bad om helande för alla sjuka människor

I början när sjuka människor kom till kyrkan bad jag om deras omedelbara helande. Jag trodde det var det bästa att låta dem uppleva Guds nåd och sätta dem fria från sjukdomsoket. Jag bad helt enkelt, "Gud, bota alla patienter i den stund de kommer". Gud svarade faktiskt på denna bön. Sjuka människor som kom till kyrkan blev omedelbart botade. Men snart förstod jag att det inte kom någon frälsningsfrukt, vilket är det viktigaste av allt. Många av dem lämnade Gud efter att de blivit botade.

Det var en gång ett gift par som kom till en fredagsbönenatt. De berättade för mig att mannen hade en skadad sena efter en trafikolycka. Han kunde inte gå så bra och hade så mycket smärtor att han inte kunde sitta upp under mötet. Den Helige Ande rörde sig och jag lade min hand på honom. Direkt efter bönen ställde han sig upp och hoppade. Men efter några gånger så slutade han komma till kyrkan.

En pastor från församlingen besökte honom och han sa, "Är det inte nog att jag kom till mötena några gånger med ett tacksamt hjärta för att jag hade blivit botad? Är det någon som kommer ge mig pengar om jag kommer till kyrkan?" Efter det kom han aldrig mer till kyrkan. Han kände att han inte behövde gå till kyrkan längre eftersom han redan hade blivit botad. Om Gud inte hade botat honom, hade han inte kunnat arbeta. Gud gav honom liv och nåd och botade honom, men eftersom han inte hade livets ord i sig, sökte han bara efter egna fördelar.

Det fanns ett gift par som födde sitt barn i sjunde månaden. Babyn låg i kuvös på sjukhuset under tre månader men babyn blev inte bättre. Läkare sa att det inte fanns något hopp. Pappan sa en gång, "När barnet blir ett år gammalt kommer vi ha en fest och inbjuda hela församlingen". Eftersom föräldrarna förstod att läkarvetenskapen inte kunde hjälpa dem tog de med sig sitt barn till kyrkan. Barnet fick förbön och blev botad och återfick hälsan helt och hållet på 15 dagar.

"Pastor, tack så mycket. På vårt barns ettårsdag ska jag inbjuda dig och alla medlemmar och ha en stor fest."

"OK, gör gärna det."

Pappan till barnet var så lycklig eftersom hans barn hade tillfrisknat och han var den som hade föreslagit att ha en fest. Men lite i taget började han avstå från söndagsgudstjänsterna i församlingen och när hans barns ettårsdag kom hade han en fest men han inbjöd bara sina släktingar och de världsliga personer han kände.

En ung man från Kang-won Do hade god hälsa i sin kropp men han var utomordentligt skrytsam. Men när han lyssnade på budskapen i kyrkan omvände han sig. När jag bad för denne unge man för att driva ut demoner ur honom tuggade han fradga och föll. När demonen hade drivits ut blev han en normal person med en mild karaktär. Men han återvände till sin församling och vi såg honom aldrig mer.

En äldre dam förlorade sin syn till den grad att hon räknades som blind. När hon hörde nyheterna om vår församling tog hennes familjemedlemmar med henne och hon fick sin syn tillbaka. Men strax efter att hon hade blivit botad lämnade de församlingen.

Synda inte mer

Efter att Jesus hade botat en sjuk man i Johannes 5:14, fann Jesus honom i templet och sa till honom, *"Se, du har blivit frisk. Synda inte mer, så att inte något värre drabbar dig."* Eftersom de hade blivit botade genom Guds kärlek och kraft borde de nu börja leva efter Hans ord och vara tacksamma för nåden. Men om de återigen begick synder, hur skulle då Gud kunna beskydda dem? I det att Gud var tvungen att vända bort sitt ansikte från dem och inte längre beskydda dem, fick de tillbaka sjukdomar igen på grund av Satans verk, och för att de övergav Guds nåd fick de ännu allvarligare sjukdomar än vad de hade tidigare.

Vi kan vara beskyddade när vi lever i Ordet

En sådan händelse skedde i november 1982. Våra fredagsbönenätter på den tiden varade till klockan sex på morgonen. Strax efter midnatt kom ett par in i kyrksalen bärandes på en liten flicka som var ungefär fem år gammal. Flickan grät och kunde knappt stå ut med sin smärta. De bodde i Busan, och flickan hade dödlig cancer i bukspottkörteln.

Läkarna försökte operera henne men eftersom tumören var så stor misslyckades operationen. Tumören hade också växt in i magsäcken så det var förenat med livsfara att sätta stygn där. Läkaren hade fått sy väldigt löst med en speciell sorts ståltråd. Det såg fruktansvärt ut.

Hon hette Wonmi. Hon fick morfin flera gånger per dag. Det var det enda sättet för att kunna klara av smärtan. Hon hade syrgasmask på och skulle snart dö. Hennes faster övertygade hennes föräldrar och sa, "Broder, det finns en församling i Seoul full av Guds nåd. Låt oss gå dig och låt henne få förbön. Gud kommer att bota Wonmi." Hennes föräldrar hade redan givit upp allt hopp så de lyssnade på henne. De tog med sig Wonmi och reste till Seoul och församlingen. Jag bad för denna flicka under 15 dagar. När hon hade mottagit förbön för första gången försvann hennes smärta. Några dagar senare började helandeverket manifesteras. Smärtan var borta och den svullna magen blev normal. Då började hennes föräldrar få tro. Jag rådde dem att få ståltrådarna borttagna på sjukhuset men de åkte inte till sjukhuset utan tog bort trådarna själva med tro. På ett förundransvärt sätt botade Gud det öppna såret på några dagar och det slöt sig.

Wonmi hade varit döende i plågsamma smärtor, men nu hade hon blivit botad på ca tio dagar. Hon lärde sig lovsånger och dansade i söndagsskolan, och hon sjöng och dansade med sina vänner. De som såg henne var självklart så glada över att se henne. Hon var smart, och hon var älskad av många medlemmar.

De stannade i kyrkan under 15 dagar för att ta emot förböner och sedan åkte de hem till sin hemstad. När jag bad för hennes föräldrar kom Guds ord till mig.

"När de kommer hem igen måste de följa de Tio Budorden, och då kommer deras dotter växa upp och vara frisk. Men om de inte håller de Tio Budorden kommer Gud vända bort sitt ansikte."

Jag sa till dem, "Ni måste helga Sabbaten, betala tionde, och tjäna Herren väl. Ni föräldrar måste hålla de Tio Budorden för att barnet alltid ska kunna vara friskt." Wonmis pappa sa, "Tack så mycket, pastorn! Självklart kommer vi att göra det. En annan sak, jag tror inte att församlingen här har någon buss ännu. När jag kommer hem, ska jag skicka en stor buss till församlingen." Strax efter det fick jag höra att barnet hade dött. Wonmis föräldrar hade till en början gått i kyrkan men allt eftersom tiden gick verkade det som om de inte kunde helga sabbaten. Men något att vara tacksam för är att Wonmis ande var frälst och hon för evigt kommer att leva i himmelriket där det inte finns några tårar eller sorg.

Gud botade dem i enlighet med deras tro

I början av min tjänst brast mitt hjärta när jag såg hur människor lämnade Guds nåd, lämnade församlingen och återvände till världen.

"Fader Gud, de mötte Dig, upplevde Dina verk, blev botade, och hur kan de bara lämna Dig på det här viset?" Jag utgöt så många tårar i mina böner då mitt hjärta brast och en dag hörde jag Herrens röst.

"Min tjänare, när jag botade de tio spetälska, gick nio av dem bort och bara en kom tillbaka för att ge äran till Gud. När du på samma sätt ber till Fadern och botar dem med din tro, kommer de att lämna nåden och lämna församlingen om de inte har sanning och liv i dem. De kommer därför inte lämna om de har lyssnat till ordet och fått tro. När de blivit botade genom sin egen tro kommer de inte att lämna församlingen. För att du bad så botade jag dem genom din kraft, men ändra

nu innehållet i dina böner. Du ska nu be att de ska bli
botade i enlighet med deras egen tro. "

Det absoluta målet för det kristna livet är vår andes frälsning
och att vi kommer till himmelriket. Så det viktigaste är att
känna till Guds vilja och ha tro som gör att man kommer in
i himmelriket. När Jesus botade de tio spetälska kom bara en
tillbaka för att ge Gud äran (Lukas 17:11-19). De andra nio
lämnade Gud och gick tillbaka ut i världen. Bara en blev frälst.

Människor kommer till kyrkan för att de har olika
sjukdomar eller andra problem, och allt eftersom de kommer
på gudstjänster, lyssnar på budskapet och lär känna Guds vilja,
får de tro och liv. Det är Guds vilja att bota dem när de tar
emot den Helige Ande, tror på himlen och helvetet och har
tro att bli frälst. Om de blir botade utan att ha tro, förutom de
som har ett mycket gott samvete, kommer de flesta gå tillbaka
till världen. I slutändan kommer de inte att bli frälsta. Så då
ändrade jag min bön och sa nu, "Gud, bota dem i enlighet
med deras tro". Gud visade verkligen sina helandeunder när de
visade Gud sin tro.

Tro som kan kontrollera vädret

Den 1 augusti 1983 hade vi vårt första sommarläger på
ön Daebu nära Inchon. Men natten innan lägret regnade det
väldigt kraftigt med åska och blixtrar. Färjan till ön Daebu
gick bara en gång per dag. Jag frågade Gud, "Gud, hur kan vi
kunna ha ett läger när det regnar så mycket? Snälla, låt det sluta
regna!"

Det var tänkt att vi skulle lämna kyrkan klockan fem på

morgonen så några studenter som bodde en bra bit ifrån kyrkan sov över i kyrksalen den natten. Jag ville sova lite i min bostad, men kunde inte på grund av stormens oljud. Jag låg bara men kunde inte somna. Jag bad i mitt hjärta och när klockan var tre på natten hörde jag den Helige Andes röst som sa till mig att inte oroa mig. Jag gick till kyrksalen för att leda gryningsbönemötet klockan fyra och några unga vuxna medlemmar var där. Efter gryningsbönemötet var klockan 4.55, och ute rasade stormen. Det var till och med mer åska och blixtar, och tungt regn slog mot fönsterbecket.

Jag sa, "Låt oss be tillsammans om att det ska sluta regna"! Eftersom studenterna och de unga vuxna hade sett många mirakler på fredagsbönenätterna hade de god tro. De som var i kyrksalen bad uppriktigt i några minuter, men ute fortsatte åskan att dundra på.

Jag hörde, "Oroa dig inte. Ta er bagage och gå ner till första våningen. När första personen sätter sin fot på marken utanför kommer det att sluta regna!"

När jag frimodigt proklamerade det gensvarade alla med ett "Amen". Alla ställde sig upp och gick ner till den första våningen. När den första personen i gruppen steg ut på marken utanför slutade det omedelbart att regna och även åskan och blixtrarna slutade. Genom denna händelse gav Gud oss stor tro som en gåva.

Mottagandet av Förklaringar Till Svåra Skriftställen och "Budskapet om Korset"

Efter församlingsstarten blev jag inbjuden att tala på många väckelsekampanjer. Jag predikade Ordet för att plantera tro i alla mötesdeltagarna och ge dem en möjlighet att förstå Guds kärlek. Närhelst jag bad för sjuka blev många människor botade. Lama gick, blinda såg och många mirakler skedde. Gud lärde mig också vad jag skulle predika om på dessa väckelsemöten. Jag predikade om Jesus Kristus, Gud Fadern, sann tro och evigt liv, mirakler, uppståndelse, Herrens andra återkomst och om himmelriket.

Vanligtvis pågick mötena från måndag till torsdag. De började klockan 18 och runt 19.30 började predikan. Jag fortsatte vanligtvis till klockan 23 eller midnatt eftersom pastorn och mötesdeltagarna bad mig fortsätta predika. Efter kvällsmötet brukade jag sova några timmar innan jag skulle leda gryningsmötet. 1983 reste jag över hela landet och predikade på väckelsekampanjer. En dag sa Herren till mig att sluta predika på väckelsemöten och istället söka mig till bergsområden för att be.

Han ville förklara passager i Bibeln som är svåra att tolka. Jag hade bett om att få ta emot förklaringar till dessa passager som var svåra att förstå under sju år och slutligen fick jag ta emot svar från Herren. Från maj 1983 slutade jag predika på väckelsemöten och åkte till Kwangju Böneberg i Kwangju, Kyeong-gi Do. Efter söndagens kvällsmöte brukade jag gå dit för att be och på fredag återvände jag för att leda fredagsbönenatten. Livet förflöt på detta sätt under många år.

Kämpade i kall vinter och het sommar

På sommaren var solen så stark och på vintern kunde temperaturen sjunka till -10-15 grader Celsius. Men jag lade bara en arméfilt på klippan och ropade ut till himlen i bön. Till och med i den kalla vintern brukade jag gå upp på berget och jag bad hela dagen till kvällen. Jag kämpade mot kallt väder under hela dagen. Om det blev kallare än -10 grader Celsius svettades jag inte alls när jag ropade och kämpade med all min styrka i min bön.

Eftersom jag inte hade pengar hade jag inte råd att bo på ett varmt och mysigt ställe heller. Jag hade bara råd med att använda en kolbrikett per dag för att få värme. Luften i rummet var så kall för pappersfönstret hade gått sönder och den kalla vinden strömmade in. I rummet hade jag bläck som jag använde för att skriva ner förklaringarna från Herren till de svåra bibelpassagerna. Rummet var så kallt att bläcket frös till is. Jag var tvungen att smälta det innan jag kunde skriva. Eftersom jag inte hade en ordentlig filt blev det obekvämt att sova med bara en enda arméfilt. Jag gick upp tidigt på morgonen och gick till kyrksalen för att vara med på gryningsmötet. Efter frukosten gick jag upp på berget och bad hela dagen.

Förklaringarna till svåra bibelpassager innehöll många betydelser

Ibland bröt jag isen och tvättade mig med det kalla vattnet och sedan bad jag och läste Bibeln hela dagen. Klockan 19 brukade folket där gå på kvällsmöte så det var alldeles tyst. Då brukade jag gå in i en bönecell och kämpa svettandes i bön. Herren förklarade bibelverser som jag hade bett om tidigare under dagen. Han började med att förklara de svåraste bibelpassagerna och det var ljuvligare än honung. I verserna fanns Guds outgrundliga och ändlösa vilja. Låt oss se på ett av de svåra passagerna som Herren förklarade för mig. I Johannes kapitel 2 gick Jesus på en bröllopsfest i Kana och gjorde vatten till vin. Vid en bröllopsfest blev människor normalt druckna och gör sådant man annars aldrig skulle göra. Man kan bara undra varför Jesus, som kom för att frälsa hela mänskligheten, gick till en bröllopsfest av detta slag och visade sitt första mirakel som starten på Hans tjänst.

Bröllopsfesten representerar tidens slut då människor äter och dricker och synden överflödar. Detta första tecken från Jesus är en symbolisk förebild som förebådar början och slutet av Jesu tjänst. Jesus blev inbjuden till bröllopet i Kana och detta betyder att när världen inbjöd Jesus var det för att korsfästa Honom. Han tillät dem att korsfästa Honom och slutligen blev Han korsfäst. Vattnet symboliserar vattnet som ger evigt liv (Johannes 4:14) och detta vatten är Guds Ord som ger evigt liv. Ordet är Jesus Kristus som kom till jorden i mänsklig kropp. Vinet står för det dyrbara Jesu blod. Det symboliserar att Jesus, ordet som kom till jorden i mänsklig kropp, skulle bli upphängt på korset och utgjuta sitt dyrbara blod i framtiden. Jesus som kom ner till denna jord som var full av synd skulle ge upp sin heliga kropp på korset och utgjuta allt sitt blod och vatten. Dessa verser visar oss Herrens kärlek.

Att förvandla vatten till vin betyder att blodet som Jesus skulle utgjuta på korset skulle bli det blod som ger evigt liv. Vinet som Jesus gjorde på bröllopsfesten var bara ren vindruvejuice utan alkohol, utan den substans som gjorde människor druckna. Människor smakade på vinet som hade gjorts av vatten och sa att det var ett gott vin. Det betyder att människor kommer att bli lyckliga när deras synder blir renade genom att dricka Jesu blod och få hopp om himmelriket.

Till sist står det *"Detta var det första av de tecken som Jesus gjorde. Han gjorde det i Kana i Galileen och uppenbarade sin härlighet, och hans lärjungar trodde på honom"* (Johannes 2:11). Orden *"uppenbarade sin härlighet"* hör samman med de fyra evangelierna som nämner att Jesus skulle ta emot korset, men på den tredje dagen efter att Han hade blivit begravd skulle Han bryta dödens makt och återuppstå för att uppenbara sin härlighet. Bara i detta lilla uttryck finns det många betydelser.

Lärjungarna blev skingrade efter att Jesus korsfästes och även när människorna som hade sett den uppståndne Herren sa till dem att Jesus hade återuppstått, kunde de inte tro det. Bara efter att de själva hade mött den uppståndne Herren trodde de. Lärjungarna trodde på Jesus, inte efter de hade sett det första tecknet i Jesu tjänst, utan när Herren uppenbarade sin härlighet i det att Han blev korsfäst, bröt dödens makt och återuppstod. Genom detta första tecken som Jesus visade oss kan vi nu förstå att det inte bara var till för att hjälpa till på en bröllopsfest i den här fysiska världen.

"Budskapet om Korset", hemligheten som varit dold sedan före tidernas begynnelse

När jag läste de fyra evangelierna som skriver om Jesu tjänst började jag förstå Guds nåd och kärlek. Det var svårt att läsa vidare för min näsa rann och jag grät så många tårar. Jag började gråta då jag läste om Jesus inför Pilatus domstol. När jag läste om hur Jesus blev piskad, bar törnekronan på sitt huvud, och hur Han blev korsfäst, grät jag väldigt mycket och under lång tid. Jag kunde inte sluta gråta och var tvungen att sluta läsa.

Trots att jag försökte kontrollera mig själv kunde det ta många dagar bara att läsa de fyra Evangelierna. Under många år efter församlingens start, brukade jag gråta när jag läste Bibeln. Jag kunde knappt delta i Nattvarden för att jag var tvungen att kontrollera min instinkt att gråta. Men efter det kunde jag kontrollera mina tårar i det att jag helt och hållet förstod hur tacksamt och välsignat det är att Jesus tog korsets väg och att det var vägen till frälsning för oss. Jag kunde nu läsa Bibeln och delta i Nattvarden med glädje och tacksamhet. I det att jag tog emot "Budskapet om Korset", som Herren undervisade mig genom inspiration, kom jag att djupare förstå Guds kärlek.

Det var 1983 när jag bad på Kwangju Böneberg som Herren förklarade "Budskapet om Korset" för mig. Han förklarade för mig varför Jesus är vår ende Frälsare, varför vi kan bli frälsta när vi tror att Han är vår Frälsare, och varför Gud placerade trädet med kunskap om gott och ont, och varför Gud kultiverar mänskligheten på den här jorden. Han förklarade för mig att "Budskapet om Korset" var en hemlighet som hade varit dold sedan före tidens begynnelse. Han visade och förklarade också den andliga världen nedskriven i 1 Mosebok.

Gud lät mig också helt och hållet på djupet förstå vägarna till och betydelsen av att vi får del av gudomlig natur genom "Den Helige Andes nio frukter", "Saligprisningarna" och "Andlig kärlek".

Hur kan jag mätta flocken med det Andliga Ordet?

Om jag stannade på samma plats under en längre tid för att be spred sig nyheterna och folket kom för att ta emot förböner. Eftersom fler och fler lärde känna mig, var jag tvungen att förflytta mig till en annan plats. För att kommunicera med Gud i bön, och precis som aposteln Johannes som skrev ner Uppenbarelseboken på ön Patmos, behövde jag en enslig plats långt borta från allt det världsliga.

Så jag reste till en plats i Kangwon Do, och Jochiwon. När jag bad under de heta sommardagarna utan en elektrisk fläkt blev jag genomblöt av svett, men jag kände inte något obehag eller något att klaga på.

Jag hade två frågor: "Hur kan jag få flocken att förstå Guds vilja på ett korrekt sätt och ge dem de andliga budskapen, så att jag kan ge dem andlig näring så att de får en perfekt tro?" och "Hur kan jag be mer och få mer av Guds kraft som profeterna och apostlarna uppvisade, så att jag kan uppnå världsmission på ett fantastiskt sätt och bygga den Stora Helgedomen?" Eftersom jag var så fokuserad på att uppnå dessa mål hade jag inte tid att tänka på något annat.

Det var i maj, 1984, några dagar före min födelsedag och diakonissan Geumsun Vin, som för närvarande är ledare av en missionsgrupp för kvinnor "Great United Women's Mission Group", visade mig ett hus som tillhörde en släkting i Kangwon Do, och jag bad där några gånger. För att komma dit var jag tvungen att ro en båt.

På fredagen skulle jag egentligen åkt tillbaka till Seoul för att predika budskapen på fredagsbönenatten och söndagsgudstjänsterna, men Gud rörde vid mitt hjärta att stanna där och fasta under tre dagar. Efter tredagarsfastan undervisade Gud mig om den djupa andliga världen och om himmelriket på ett väldigt detaljrikt sätt. Jag kunde ha tillbringat min födelsedag i glada vänners lag men detta var mycket mer dyrbart och glädjerikt att få ta emot en sån stor gåva från Gud efter fasta och bön. Innehållet i undervisningen om himmelriket som Herren gav mig var ett mycket grundligt budskap. Det förde samman många skilda verser i Bibeln. Senare delade jag detta budskap på söndagens morgongudstjänst under många år och det blev utgivet i två böcker.

Till och med grannar på marknadsplatsen sa "Gå till Manminkyrkan"

Det fanns en marknadsplats utanför kyrkan och eftersom kyrkan låg i slutet av marknaden gick många människor igenom marknaden från busshållplatsen för att komma till kyrkan. Säljarna på marknaden såg ofta människor som bar på barn med livshotande tillstånd som till exempel hade varit med om en trafikolycka.

Nu för tiden ser man ofta rullstolar, men det var inte en

vanlig syn i Korea på den tiden. Närhelst säljarna såg dessa akut sjuka människor sa de, "De är på väg för att möta pastorn i Manminkyrkan". När samma människor blev friska på en dag eller två och kom för att köpa något på marknaden blev säljarna väldigt överraskade.

"Är du inte en av dem som blev buren på en bår igår?"

"Ja, det är jag."

"Hur kommer det sig att du kan gå så här?"

"Jag blev botad genom bön igår."

Eftersom säljarna såg sådant väldigt ofta erkände de att Gud lever. Men när vi predikade evangeliet för dem sa de att de visste att Gud fanns men att de var så upptagna med allt i livet att de inte skulle kunna komma till kyrkan. Trots de inte gick till kyrkan så brukade de föreslå människor som var sjuka att gå till Manminkyrkan.

Herren Arbetade med Oss

Flytten till den andra kyrkan

Ungefär ett år efter invigningsmötet, fanns det inte plats för fler människor i kyrksalen. När vi hade gudstjänster var alla böneceller, korridoren och till och med ett intilliggande rum fulla med människor. Det fanns absolut ingen mer plats så vi började be om att flytta till en större lokal.

Vi hade behov av åtminstone ca 650 kvm, men församlingsmedlemmarnas tro var inte stor nog. När jag återigen bad om en ny kyrkolokal, kom Guds ord till mig. *"Gå och bygg en tillfällig byggnad på ett ledigt utrymme. Det kommer kollapsa, så bygg upp det igen. Sedan kommer det återigen att kollapsa. Efter det kommer ni se min omsorg."*

I september 1984 hittade vi ett ledigt utrymme på taket av en envåningsbyggnad nära marknaden. Gud sa till oss att bygga den tillfälliga byggnaden där, men Han lät mig inte berätta för medlemmarna att det skulle rasa. Det var naturligtvis inte lagligt att bygga en permanent byggnad på taket. Jag förklarade bara att det var Guds vilja att bygga en tillfällig byggnad där och lät dem påbörja konstruktionen. Man kom överens med husets ägare att bygga och han sa att han skulle gå till de lokala myndigheterna och få de nödvändiga tillstånden för att bygga en tillfällig byggnad.

Det var svårt för det mänskliga tänkandet att acceptera en tillfällig byggnad på en annan byggnads tak och använda det som kyrksal. Men eftersom det var ett ord från Gud så lydde jag det. Jag visste också att den tillfälliga byggnaden skulle kollapsa så snart det hade blivit konstruerat. Efter att medlemmarna hade lagt ut cementstenarna, kom de civila arbetarna från det lokala myndighetskontoret och rev ner det direkt. När vi byggde upp det igen, kom de och rev ner det igen. Några medlemmar klagade på denna process men de flesta såg upp till Gud som såg till att allt samverkade till det bästa, och de bad uppriktigt med enade hjärtan. De som ägde husen runt omkring tänkte, "Måste myndigheterna involvera sig så mycket"? och de började tycka synd om vår församling. Till och med säljarna på marknaden kände mycket väl till Guds gärningar som skedde genom Manminkyrkan. När våra medlemmar gick igenom denna påfrestande situationen, växte passionen för en ny kyrklokal ännu starkare och våra hjärtan förenades totalt. På detta sätt förberedde Gud den nya byggnaden.

Hittills hade det inte funnits någon byggnad som vår församling kunde använda. Men inte så långt därifrån fanns den byggnad med ungefär 650 kvm som just hade blivit färdig och vi kunde använda den. Gud sa åt oss att flytta in i den byggnaden. Vi hade ungefär 300 medlemmar då och offren som kom in var inte ens tillräckliga för missionsändamål. De flesta medlemmarna var inte rika så det var inte lätt att få fram ens några miljoner won. Så om jag från början hade föreslagit för medlemmarna att vi skulle flytta in i en byggnad med 650 kvm skulle de ha klagat mycket. För att bara hyra byggnaden skulle vi behöva 40 miljoner won (280 000 kronor). Vi behövde ytterligare 20 miljoner won för att göra om den till en kyrkolokal. Det var svårt att uppnå med våra medlemmars tro. Men när medlemmarna tänkte tillbaka på svårigheterna växte deras törst efter en ny kyrkobyggnad och de bad med passionerade hjärtan och enade i tanke och styrka. Det verkade som om vi på ett ögonblick hade lyckats samla ihop pengarna för att flytta till vår nya kyrkobyggnad. Den 31 december 1984 hyrde vi byggnaden i Dae-Bahng Dong, Dong-jak Gu, och hade vårt första möte där. Gud utökade medlemmarnas tro genom denna sortens prövning.

Etablera kyrkoorganisation

Församlingens antal växte snabbt då Gud sände många nya medlemmar. Tron i dessa nya medlemmar utökades också snabbt på grund av de kraftfulla gärningar som Gud gjorde bland oss, genom ständigt återkommande tecken och under. Somliga kom enbart till kyrkan för att ta emot helande men många kom också som var törstiga och som letade efter livets ord.

I oktober 1983 etablerades Manmin Bönecenter. Gud ledde min fru, Boknim Lee, att ha helandemöten varje dag för att bota sjuka människor både andligt och fysiskt. Han gav henne uppdraget att vara president över Bönecentret. Hon höll i helandemöten varje dag och koncentrerade sig på själavård, besökstjänst hos medlemmarna, och böner. I januari

1984 blev en organisation för förebedjare, "Prayer Devotee's Mission", etablerad med uppgift att be om Guds rike och Hans rättfärdighet. De bad inte bara utan deltog även i helandemötena och hjälpte de sjuka människorna med sina böner. I mars 1984 öppnade Manmin Förskola med syfte att nå barnen. Bara några år efter att församlingen hade startats började församlingens struktur och organisation att formas.

Som president över Bönecentret startade min fru i oktober 1985 nattliga bönemöten med några människor. Dessa bönemöten blev början till det som idag kallas Daniels Bönemöte då tusentals medlemmar samlas och ber varje natt. President Boknim Lee koncentrerade sig på fasta och bön. Hon sökte inte bara sin egen personliga lycka från familjen utan hon levde för andra själar. Gud arbetade med den Helige Andes tydliga röst och välsignade henne så hon kunde utföra många kraftgärningar. Hon leder fortfarande Daniels Bönemöten varje natt. Många medlemmar upplever Guds kraft och tar emot bönesvar som ges dem under bönetiden och under lovsångstiden i kyrksalen. Genom Daniels Bönemöten får församlingsmedlemmarnas själar framgång. Det är en drivande kraft i församlingens väckelse.

De som längtade efter livets ord kom och lyssnade på de andliga budskapen och fick frid och vila. De som mottog svar och lösningar på sina problem stannade i församlingen och det gjorde att församlingen kunde stå stadigt.

Läkarstudent med en hjärntumör

Sooyeol Cho föddes in i en kristen familj. Han fick en sjukdom som kallades "nasofarynxfibrom". Blodkärlen i näsan smälte samman och blev sedan en tumör. Senare utvecklades den en hjärntumör.

Vid den tiden var en av Sooyeol Chos släktingar vice sjukhusdirektör vid Seoul National University Hospital. Han genomgick en stor operation under åtta timmar. Men efter operationen var hans näsa fortfarande blockerad och mycket blod rann från näsan. Han åkte till sjukhuset och man sa att tumören hade kommit tillbaka.

Före hans första operation hade läkaren sagt att det fanns en stor risk att tumören skulle sprida sig till hjärnan och att roten till tumören redan fanns i hjärnan, och nu hade han fått hjärntumör. I december 1984 insåg han att han inte skulle bli botad genom den medicinska vetenskapen. Han hörde om vår församling och registrerade sig som medlem tillsammans med sina familjemedlemmar.

I januari 1985 mottog han nåd i ett väckelsemöte och han blev bättre. Då förslog läkarna att han skulle genomgå ytterligare en operation och han tänkte att han ändå kanske skulle bli botad genom medicinsk behandling.

Men 1986 började han blöda ymnigt mer än tio gånger, och då förstod han att han var vid liv endast på grund av Guds nåd. Två gånger hade han kraftiga rektala blödningar som gjorde honom fullständigt utmattad.

Jag brukade vara i Jochiwon under veckodagarna för att be, och en dag när jag bad kände jag en enorm börda i mitt hjärta och jag insåg att Sooyeol Cho befann sig i en mycket kritisk situation. Jag bad till Gud under tårar.

En av våra bedjande diakonissor i församlingen såg då en vision och hon sa att jag höll ett krampaktigt tag om Jesu mantel och bad Honom om att denne unge man skulle förbli vid liv. Närhelst denne unge man efter detta hamnade i en livshotande situation lät den Helige Ande mig veta det och han gick igenom

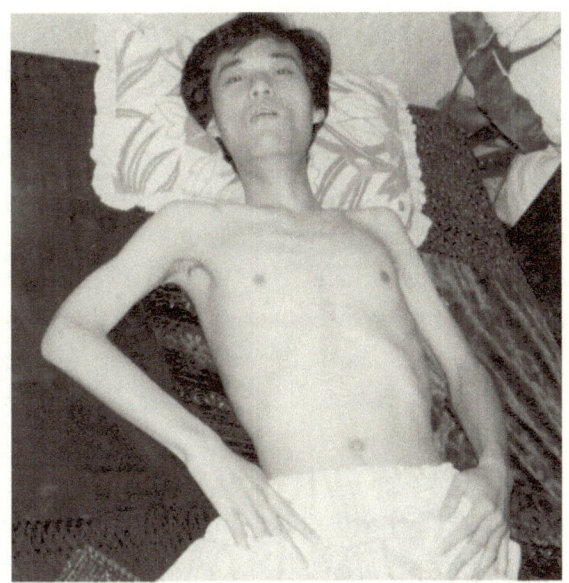

Sooyeol Cho lider av lunginflammation

Idag är han en återställd pastor

det kritiska stunderna för att han mottog mina förböner. Sedan dess har Sooyeol Cho fått andlig tro till den grad att han blivit bättre.

Om han inte bad och om han inte var helt och hållet fylld av den Helige Ande brukade klumpen i näsan växa och hans strupe blockeras, eller någonting liknande en tunga kom ut ur hans mun eller klumpen kom ut ur hans näsa. Vid dessa tillfällen omvände han sig och mottog mina förböner och blev renad. Genom denna process fick den unge mannen insikt om köttsliga tankar och ondska i sig själv och han fastade och tänkte, "Om jag måste dö, måste jag dö."

Han gjorde verkligen sitt bästa att förändra sig själv. Till slut blev han helt frisk. Nu tjänar han i församlingen som en av våra assisterande pastorer. Han är lyckligt gift och har en son.

Likstel kropp på grund av kolmonoxidförgiftning

En lördagseftermiddag i februari 1985 var jag på mitt rum och bad. Utanför dörren var det mycket folk som förde oväsen och jag hörde någon ropa att en person hade dött. När jag kom ut ur bönekammaren såg jag att det var en syster i församlingen som hade blivit kolmonoxidförgiftad.

Hon hade gått hem efter fredagsbönenatten, eldat en kolbrikett och gått för att lägga sig.

Efter klockan 14 på lördagen hade man hittat henne gasförgiftad. Hon hade vid det laget redan andats in gasen under många timmar så hennes kropp hade redan paralyserats och hon hade fradga i sin mun. En av hennes grannar fann henne och bar henne till min bostad, men det verkade som om hon var död. Hon var medvetslös och hennes kropp var redan likstel och kall.

Jag lade min hand på henne och bad, "I namnet Jesus Kristus befaller jag kolmonoxiden att försvinna! Försvinn ut genom båda ögonen, båda näsborrarna, genom munnen, och ut ur alla kroppens celler!" När jag avslutat min bön tog jag bort min hand från henne. Systern började återfå värme i sin kropp och sakta öppnade hon sina ögon. Sedan började likstelheten ge med sig. Människor runt omkring henne började massera hennes kropp i några minuter och hennes muskler återfick sin styrka. Hon satte sig upp och återfick sin hälsa utan några kvarstående men.

Om hon hade tagits till sjukhus när hon hade blivit funnen, hade chansen varit mycket liten att hon skulle återhämta sig. Även om hon hade överlevt skulle hon ha lidit av kvarstående men som förlamning och hjärnskador. Men Gud den Allsmäktige som återuppväcker till och med de döda visade sin kraft och hon blev fullständigt återställd på bara två minuter. Hon heter Minsun Lee, och gifte sig senare med Pastor Jeon-hwan Cha i vår församling.

"Var snäll och gå till Shindaebang Dong."

Ibland jag bad för dem som slutat att andas också. I juni 1985 hände något med diakonissa Seok-hee Chos tvååriga dotter, Seung-ah. Hennes mamma höll på att göra en sås, och dottern gick fram till henne och sträckte ut sin hand. Då gav hon henne lite sås. Snart efter det insåg mamman att dottern inte längre var i rummet och gick och letade efter henne i ett annat rum. Där fann hon Seung-ah döende med fradga i sin mun, kämpande för att få luft och hon var alldeles blå.

Det hände på några minuter och hon blev så överrumplad. Hon bar ut sin dotter på sin rygg och fick tag i en taxi. Eftersom hon hade hört och sett att obotliga sjukdomar hade blivit botade och döda blivit återuppväckta i kyrkan, visade hon sin tro inför Gud. Hon sa till taxichauffören att köra till Shindaebang Dong. Han svarade att det finns många sjukhus i området och ifrågasatte varför hon ville åka så långt bort.

"Det finns en väldigt kompetent läkare i Shindaebang."

Jag var hemma då hon anlände så jag kunde be för henne. Jag hörde att det lilla barnet redan hade slutat andas och hennes kropp var redan kall efter att ha varit i taxin. Jag bad starkt till Gud att föra tillbaka den lilla flickans ande. Så snart bönen var över vaknade barnet upp och började andas igen. Efter denna händelse växte hon upp utan några kvarstående men. Just nu studerar hon vid Kyung-hee University, och hennes föräldrar betjänar som pastorspar i Jinkoomun Manminkyrkan i provinsen Sacheon, Kyeong-nam.

Tredje gradens brännskada botad genom Guds kraft

Söndagen den 6 april 1986 var diakonissa Eun-deuk Kim, som då var 62 år gammal, med om en olycka i kyrkans kök. Det fanns en stor gryta på gasspisen och de kokade vatten för att göra nudlar.

Hon halkade och tog av misstag tag i ett av handtagen på grytan och det kokande vattnet i grytan föll rakt över henne. Det kom på hennes bröst, mage, armar, och ben och hon fick allvarliga brännskador. Lyckligtvis brände hon sig inte på huvudet och ansiktet.

När jag fick höra nyheterna gick jag till köket. Jag bad för henne medan hon låg på golvet. Brännskadorna var så allvarliga att hennes hud kokade och fastnade i hennes kläder. Hon var fortfarande vid medvetande. Hettan var outhärdlig för henne, men när jag bad för henne sa hon att hon kände hur hettan lämnade hennes kropp. Hettan gick ut ur hennes bröst genom det högra bröstet och gick neråt och ut ur hennes kropp genom hennes högra fot.

Trots att hettan var borta såg de brända delarna ut som bränt kött och där huden hade fastnat i kläderna var huden bortsliten. Det såg fruktansvärt ut. Om hon hade åkt till sjukhus i det tillståndet hade hennes liv kanske inte kunnat räddas. Om hon hade överlevt skulle det tagit många år att transplantera hud till de skadade områdena. Även med många operationer skulle hon ha lidit av så många men och ärr. Hon bars ner i min bostad och en gång per dag bad jag för henne. Hon tog ingen medicin eller

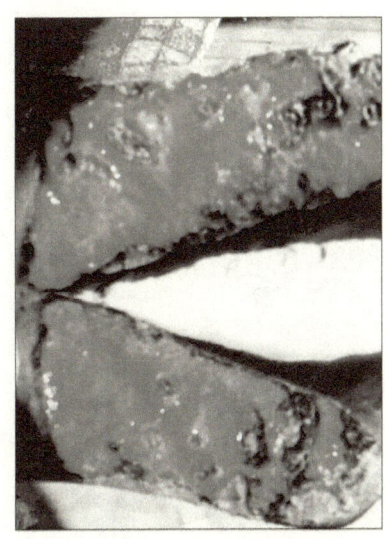

Helad från tredje gradens brännskada

injektion, utan det var Guds verk att hon återhämtade sig så snabbt.

De fullständigt kokade och döda cellerna blev sårskorpor som liknade ett träds bark och snart föll "barken" av och ny hud växte fram på de delar som hade blivit brända och nya blodkärl bildades. Den döda huden fick liv igen. Medlemmarna som kom och besökte henne såg hela denna process. Tre månader efter olyckan var diakonissa Eun-deuk Kim fullständigt helad. Hon blev fullständigt återställd. Nu år 2007, 82 år gammal, lever hon fortfarande ett noggrant kristet liv.

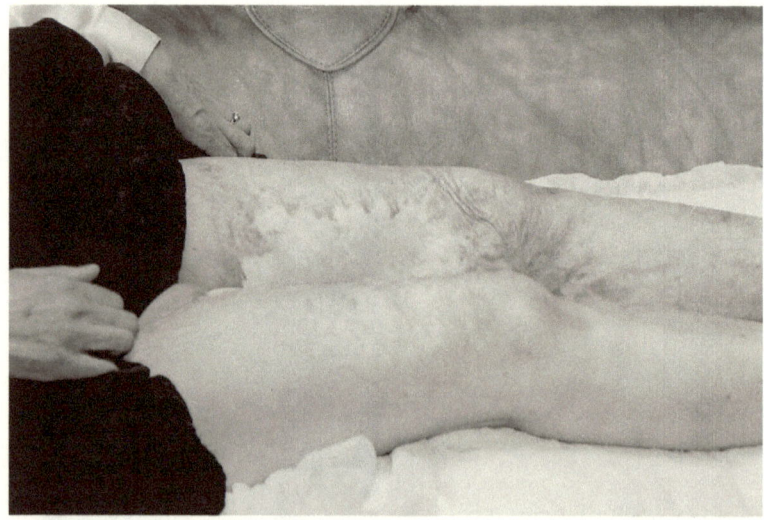

Fullständigt helad och fick nytt kött efter förbön

Kraftiga gärningar

"Sedan Herren Jesus hade talat till dem, blev han upptagen till himlen och satte sig på Guds högra sida. Och de gick ut och predikade överallt, och Herren verkade tillsammans med dem och bekräftade ordet genom de tecken som åtföljde det." (Markus 16:19-20).

När lärjungarna gick ut för att predika arbetade Herren med dem. På samma sätt verkar det som när jag lägger mina händer på sjuka människor är det i verkligheten Herrens blodfläckade händer som läggs på dem. De som har gåvan att se visioner eller att se andliga ting har vittnat om att när jag bad, lade Herren tillsammans med mig sina händer på de sjuka delarna av personerna.

Jag ber för alla slags sjuka i varje gudstjänst, och många människor ser hur eldslågor kommer ut genom mina armar. Denna eld, som är den Helige Andes eld, går till varje medlem i enlighet med dennes tro och bränner bort sjukdomarna. Jag ber uppriktigt och på allvar av hela mitt hjärta när jag lägger händerna på människor och med tro botar dem och löser deras problem, och Gud svarar på dessa böner genom den Helige Andes kraftfulla gärningar.

Den Helige Andes Inspiration Berättar Om Framtida Ting

Ordinerad till pastor

Fyra år efter att jag hade startat församlingen, i maj 1986, blev jag ordinerad till pastor. Vi hade ett överlåtelsemöte i församlingen i juni. På den dagen gav församlingsmedlemmarna mig en gyllene nyckel som en symbol för deras förtroende och kärlek. Detta betydde att den fulla auktoriteten när det gäller församlingen gavs till mig som pastor och att de skulle lita på och lyda mig. Jag värdesätter fortfarande denna gåva från församlingsmedlemmarna väldigt mycket, likaså deras förtroende.

Efter ordinationen ledde Herren mig att ge Honom en 21-dagars Danielbön. Jag försökte kommunicera med Gud med fasta och böner på mitt böneställe i Jochiwon. Då började Herren förklara Uppenbarelseboken för mig, där det står om sådant som ska ske i de sista dagarna.

På söndagens morgongudstjänst den 20 juli 1986 började jag en undervisningsserie om Uppenbarelseboken. Denna serie pågick i ungefär fyra år, till den 20 december 1989. Till och med de som redan kände till lite om andevärlden på grund av deras törst, lyssnade på budskapen med glädje.

Fredagsbönenatten då människor kom från hela landet

Strax efter att vi hade flyttat till en ny byggnad och hade haft ett väckelsemöte började kyrkan fyllas upp igen. Eftersom väckelsen spred sig väldigt fort hade vi inte tid att bygga några kyrkobyggnader.

1987 hyrde vi en byggnad i Shindaebang Dong, Dongjak Gu, och flyttade in där. Det var vår tredje kyrkobyggnad. Tre månader senare efter att vi hade avslutat ytterligare en väckelsekampanj i tacksamhet för den nya byggnaden, var kyrkan fullsatt igen. Antalet registrerade medlemmar uppgick nu över 3,000. Vi använde både den andra och tredje våningen som kyrksalar, men vi kunde inte få plats med alla ändå, det fanns helt enkelt inte utrymme. Somliga som kom fick inte ens plats och var tvungna att gå hem.

I juni 1989 hade vi växt till att bli en megakyrka, med 6,000 registrerade medlemmar. Allt sedan församlingen startade hade jag velat koncentrera mig på Guds ord och på bönerna för att fullständigt uppfylla det Gudagivna uppdraget. Så jag överlämnade omsorgen för medlemmarna till assisterande pastorer. I den tidiga församlingen i Apostlagärningarna hade apostlarna så mycket att göra i det att församlingen växte. Då utvalde man sju diakoner för att göra allt arbete i kyrkan.

Apostlarna kunde koncentrera sig på Guds ord och på bönerna (Apostlagärningarna 6:3-4). Jag involverade inte heller mig i församlingens ekonomi utan vi hade avdelningar som skötte allt detta också.

Vi höll i pastorskonferenser en eller två gånger per år för att uppmuntra pastorerna och göra dem till kraftfulla tjänare. Jag ville verkligen få tag på kraftfulla pastorer som kunde bli mer älskade av Gud och församlingsmedlemmarna än jag, så jag gjorde mitt bästa för att träna upp så många assisterande pastorer som möjligt.

Fredagsbönenätterna var välkända över hela landet eftersom de var så fyllda av den Helige Ande, och många människor kom, oavsett vilket samfund de tillhörde. Hur underbart är det när de blir fyllda med den Helige Ande på natten och sedan går tillbaka till respektive församlingar för att betjäna i sina församlingar på söndagarna! På fredagsbönenatten den 12 december 1986 började jag undervisa om Jobs bok som Herren hade förklarat för mig. Undervisningsserien avslutades på fredagsbönenatten den 11 december 1992.

Det var ett andligt budskap som är helt olikt andra tolkningar av Jobs bok. Det var ett värdefullt budskap som analyserade hjärtat på en person vid namn Job. Det blev givet så att vi skulle kunna hitta ondskan i våra hjärtan och hjärtan fulla av osanning. Från 1989 började Herren också undervisa om människans "Ande, Själ, och Kropp" i detalj. Efter det undervisade Han mig om olika "Dimensioner". När jag lärde ut detta till medlemmarna, öppnades deras andliga ögon och jag kunde tydligt se förändringen i deras liv. Deras tro utökades så jag fick undervisa dem om nya ting. Det gjorde att jag också var tvungen att gå in på djupare nivåer i andevärlden.

Förvandla ytterligare en person till vete

En dag när jag bad sa Herren med klagan,

"Min tjänare, se till att du hastigt får böckerna med budskapen jag har undervisat dig om publicerade. Idag är det få som har sann tro och som kan bli frälsta. De säger att de tror men de gör ändå laglöshet. De korsfäster mig på nytt. De tror inte, men de tror att de tror."

Jesus sa, *"Men skall väl Människosonen, när han kommer, finna en sådan tro på jorden"?* (Lukas 18:8). Idag överflödar synden och laglösheten så mycket att det är väldigt svårt för människor att ha den sanna, andliga tro som Gud vill.

När bönder skördar samlar de endast in vetet, agnarna bränns i elden. På samma sätt vill Gud hellre ha ett enda vetekorn än stora kvantiteter agnar. Han samlar bara vetet in i sitt rike (Matteus 3:12). Han vill att vi ber flitigt, handlar i enlighet med Hans ord för att göra oss av med köttets lustar och få ett hjärta som Herren har, som är den fulla anden (1 Tessalonikerbrevet 5:23).

När församlingsmedlemmarna lärde sig budskapen om "Ande, Själ och Kropp" och "Dimensioner" började de förstå grunden och hur man kan göra sig av med synder. Om ingen berättar för oss om synder, är det stor risk för att vi kommer att veta väldigt lite eller ingenting alls om synd. Om människor inte känner till världens kompromisser är det stor risk att de slutligen blir agnliknande troende som inte kan bli frälsta. Därför måste pastorer undervisa de troende så att de är väl medvetna om vad synd är.

Endast förlita mig på Gud för budskap

När Jesus sände ut sina lärjungar sa Han, *"Men när man utlämnar er, så bekymra er inte för hur ni skall tala eller vad ni skall säga. Det kommer att ges åt er i den stunden, och då är det inte ni som talar, utan er Faders Ande kommer att tala genom er"* (Matteus 10:19-20). Det år då jag startade församlingen läste jag fortfarande på det teologiska seminariet, det sista året. Jag fick göra mina läxor på skolan. Jag var också tvungen att förbereda mer än tio budskap per vecka, för gryningsmöten varje morgon, för fredagsbönemötena, och söndagsgudstjänsterna på förmiddagen och kvällen. Jag besökte och själavårdade också medlemmarna och bad personligen för de sjuka, så jag var väldigt upptagen.

Jag hade inte ens tid att skriva ner mina predikningar i en anteckningsbok, men när jag bad gav Gud min titeln och bibelverserna som skulle läsas. När jag hade bett över det gav Gud sin inspiration under predikan. När jag stod i predikstolen flödade Guds ord ut genom mitt sinne.

Idag tv-sänds gudstjänsterna live över hela landet och till andra länder via satellit och Internet, så jag har anteckningar förberedda i förväg. Men i församlingens början, innan gudstjänsterna tv-sändes, predikade jag utan anteckningar eller notat.

Jag är bara en ovärdig tjänare

En dag i april 1987 hade jag inte hunnit be tillräckligt, och jag mottog ingen inspiration under predikan. Det kändes till och med som att predikan inte flödade. Efter predikan var jag så ångerfull inför Gud över att jag inte hade förberett predikan med mer böner. Närhelst jag mötte en liknande situation fick jag en sån djup känsla av att inte vara duglig till något, och att jag är ingenting om inte Gud är med mig. Om Gud övergav mig skulle jag inte kunna ge ut ett enda budskap, inga helandeunder skulle ske och den Helige Ande skulle inte arbeta medan jag predikade så församlingsmedlemmarna skulle inte förändras. Trots att jag har uppnått vissa saker är jag bara en ovärdig tjänare inför Gud. Trots att jag har tagit emot stor kraft från ovan och har blivit använd som ett instrument i Guds hand, kan jag aldrig bli arrogant över det.

I april 1987 blev mitt vittnesbörd och biografi *Smak av evigt liv före döden* utgiven. Denna bok blev utgiven i många upplagor och har blivit en storsäljare. Den har hittills blivit översatt till många olika språk och har givits ut i många länder över hela världen. Genom denna bok har ett oändligt antal människor kommit till tro på den levande Guden, Gud som botar, Gud som svarar på böner, och kärlekens Gud.

Soojung Maeng, som bodde i Tyskland på den tiden, fick denna bok av en berömd pastor i Tyskland och läste den. Hon fick ett mycket gott intryck av boken. När hon kom till Korea besökte hon vår församling för att vara med på en gudstjänst och senare blev hon en regelbunden medlem. Hon upplevde hur hennes liv blev förvandlat genom livets ord. Hon fylldes med en stark iver att sprida evangeliet och just nu är hon missionär i Washington D.C. och har gett sig själv helt till att sprida evangeliet.

"Du lyssnar till AM 837 khz Christian Broadcasting System. Idag i programmet "Du Är Med Mig" kommer vi att berätta historien om Rev. Jaerock Lee, pastor i Manmin Joong-ang kyrkan." Från den 1: a till den 30: e juni sändes mitt vittnesbörd i avsnitt över radiovågorna genom programmet "Du Är Med Mig". Under en månad sändes det två gånger per dag, på morgonen och på kvällen. Genom detta program var det många människor över hela landet som fick ta emot Guds nåd genom vittnesbördet och kom efter detta ihåg mitt namn. En del sa att de började tro på Gud genom detta program.

Den 18 augusti var jag med och fick ge mitt vittnesbörd i ett program som heter "Förnya mig" på tv-kanalen CBS. Producenten bad mig att inte nämna att Gud hade botat mig. Han sa att det kanske skulle komma in klagomål om vi talade om mirakler. Jag kunde inte hålla med om det så jag bara log till svar. Under den tid som programmet spelades in berättade jag hela min historia om hur Gud hade botat mig. Dagen då programmet skulle sändas kom och gick utan att det hade sänts så jag frågade producenten om det. Bandet var precis på väg att förstöras men med knapp nöd lyckades vi med hjälp av en annan person hitta det inspelade bandet och det sändes under en timmes tid. Jag kände att det hade varit väldigt trevligt om de hade tv-sänt sanningen som den var.

Profetior genom den Helige Andes inspiration

Gud ger oss gåvor från den Helige Ande för vår skull (1 Korinterbrevet 12:7). 1 Korinterbrevet 14:1-5 säger, *"Sträva ivrigt efter kärleken, men sök också vinna de andliga gåvorna, framför allt profetians gåva. Den som talar tungomål talar inte till människor utan till Gud. Ingen förstår honom, när han i sin ande talar hemligheter. Men den som profeterar talar till människor och ger dem uppbyggelse, uppmuntran och tröst. Den som talar tungomål uppbygger sig själv, men den som profeterar uppbygger församlingen. Jag önskar att ni alla skall tala tungomål men hellre att ni skall profetera. Den som profeterar är förmer än den som talar tungomål, om inte denne uttyder sitt tal, så att församlingen blir uppbyggd. "*

Aposteln Paulus ville att alla Guds barn skulle ta emot gåvan att tala i tungor och han uppmanade de troende att framför allt få gåvan att profetera. Ibland säger jag genom den Helige Andes inspiration till församlingsmedlemmarna vad som kommer att hända, för att bygga upp och plantera mer tro i dem. När jag bad under gryningsbönen bad jag, "Fader Gud, sänd oss ett specifikt antal mötesbesökare nästa vecka". Sedan proklamerade jag ut att ett specifikt antal människor skulle komma att besöka oss nästa vecka. På den tiden utökades medlemsantalet i församlingen väldigt snabbt.

"Nästa vecka kommer det att vara 50 personer på mötet. "

Nästa söndag bad jag våra medlemmar räkna antalet besökare och det var exakt 50 personer.

"65 personer kommer på mötet nästa vecka. "

Varje vecka utökades antalet mötesbesökare och jag profeterade varje söndag. När nästa söndag kom och medlemmarna räknade antalet besökare blev de alltid förvånade.

Men när antalet nådde ungefär 80 personer utökades inte antalet under flera veckor. När jag bad över det insåg jag att fienden djävulen störde tillväxten för att inte få antalet mötesbesökare att gå över 100 besökare. Jag fastade och bad tillsammans med medlemmarna och drev fienden djävulen på flykten och från den veckan började antalet att utökas igen och på etableringsdagen den 10 oktober hade vi mer än 100 mötesbesökare.

Vid vissa tillfällen lät Gud mig få veta i förskott hur stort offret skulle vara. Ett tag efter att församlingen hade startats hade vi ungefär 6 miljoner won (42,000 kronor) i offer varje vecka. Eftersom vi hade fokus på världsmission spenderade vi mycket mer än vad som kom in. Vi hade alltid behov och vår församling hade inte en god ekonomi. Jag började be till Gud över det. När jag bad allvarligt verkade Herren på ett speciellt sätt för att lösa de svåra situationerna. Genom klar inspiration från Anden lät Gud mig till och med få veta exakt hur mycket som skulle komma in i offer.

"Nästa vecka kommer det att komma in 33 miljoner won (ca 231,000 kronor)."

Jag tog emot svaret och berättade för dem som arbetade med ekonomin i församlingen exakt hur mycket som skulle komma in, för att plantera tro i dem. Men de gav inget speciellt gensvar, förmodligen för att de inte riktigt kunde tro på det. De verkade tvivla på hur offret kunde förökas mer än fem gånger på en vecka.

Men på eftermiddagen söndagen därefter kom de som arbetade med ekonomin och som hade räknat offret och rapporterade till mig att exakt 33 miljoner won hade kommit in. Efter det bad jag till Gud närhelst vi hade ekonomiska svårigheter och varje gång välsignade Gud oss mångdubbelt så att vi kunde överkomma svårigheterna genom Guds nåd. När Han hade för avseende att ge oss mångdubbelt mot vad som vanligtvis kom in brukade Han låta mig få veta det, och jag talade om det i förväg till ekonomiavdelningen. Jag kunde se att deras tro växte av att ha gått igenom detta slags experiment många gånger.

Talade om framtida händelser som skulle ske i Korea och i världen

Jag ropade alltid ut i mina böner och levde ett liv i Andens fullhet och Herren visade mig ibland sådant som skulle hända och även stora och hemliga ting. Herren gav Petrus en vision och berättade för honom vad som skulle ske (Apostlagärningarna kapitel 10), och Stefanus såg Guds härlighet och Herren som stod vid Guds högra sida. Guds kraft kan åstadkomma vad som helst. Gud arbetar på samma sätt som Han gjorde på Gamla Testamentets tid, i Nya Testamentets tid och idag.

Amos 3:7 säger, *"Ty Herren, HERREN gör ingenting utan att ha uppenbarat sin hemlighet för sina tjänare profeterna"*. Som jag sa, när jag bad lät Gud mig i förväg få veta vad som hände med församlingsmedlemmarna, vårt land och situationer i världen.

Den 26 oktober 1979, medan jag fortfarande gick på det teologiska seminariet, vaknade jag upp med en obekväm känsla. Jag bad över det och Herren uppenbarade för mig att en stor stjärna i vårt land skulle falla. Han lät mig få veta att President Park Chung Hee skulle dö. Jag berättade för min fru att en stor katastrof skulle ske och gick sedan till seminariet. Mitt hjärta var så bekymrat. Tårar rann nedför mina kinder hela dagen. Nästa morgon hörde vi nyheterna att presidenten, Park Chung Hee, hade blivit mördad natten innan.

Såvida Gud Inte Uppenbarar Sitt Hemliga Rådslut för Sina Tjänare Profeterna

Gud lät mig få veta händelser i förväg som skulle ske i världen och ibland lät Han mig även veta vad som skulle hända med väldigt viktiga människor. Gud uppenbarade för mig 1984 att I.P. Gandhi, som var den kvinnliga premiärministern i Indien, skulle dö. Gud lät mig få veta det några månader innan hon dog och jag talade om det för mina församlingsmedlemmar. I oktober det året läste jag i en tidningsartikel att hon hade blivit mördad av några Sikher.

Samma år lät Gud mig få veta att president Reagan och premiärminister Thatcher skulle bli omvalda. Han förklarade också för mig varför de skulle bli omvalda. Margaret Thatcher var fåordig som män och tillsammans med hennes ödmjukhet och mildhet försökte hon vara fläckfri inför Gud. Hennes sinne var inte upptaget med rikedom och makt utan hon tjänade sitt folk med kärlek. Gud förklarade för mig att dessa två personer var älskade av människor för att de älskade landet och de tjänade och älskade sitt folk.

1985 dog generalsekreteraren för det kommunistiska partiet i Sovjetunionen, K.U. Chernenko. Men flera månader innan det hände visade Gud mig en vision om det. För att plantera tro i våra medlemmar talade jag om för dem vad jag hade sett. Flera månader efter det hörde man på nyheterna om hans sjukdom och att han slutligen dog.

Deklaration 6/29 och demokratiprocessen

Den 29 juni 1987 utfärdade partiledaren för det demokratiska partiet Democratic Justice Party, Taewoo Roh, Deklaration 6/29. Efter det allmänna valet den 12 februari 1985 kritiserade oppositionspartierna bristen på tillförlitlighet mot President Doohwan Chun, som hade blivit vald genom ett indirekt val och de begärde ett specifikt val angående president. De insisterade att landets medborgare skulle gå till valurnorna för att välja president.

Som ett motstånd till dessa protester utfärdade President Doohwan Chun den 13 april 1987 ett grundlagsskydd, "Protection of the Constitution", för att stoppa alla diskussioner om att förändra grundlagen och för överlämna regeringen till gällande lagar. Den 10 juni höll han i konventet för Democratic Justice Party och valde Taewoo Roh till partiets presidentkandidat i ett försök att utvidga den militära myndigheten. I allt detta skedde det att en universitetsstuderande vid namn Jongcheol Part blev torterad till döds av polisen. Den 10 juni utbröt stora demonstrationer över hela landet. Den 26 juni demonstrerade mer än en miljon människor i 37 städer sent på kvällen. Eftersom det inte fanns tillräckligt med polisstyrka för att kontrollera demonstrationerna övervägde myndigheterna att sätta in militära styrkor. Till slut vann demokraterna. De beslutade sig för att acceptera folkets krav om direktval och detta var Deklaration 6/29.

Den 15 juni 1987 ledde jag ett väckelsemöte i församlingen Cheil i Bupyeong. Den 18 juni gav Gud mig plötsligt inspiration och en vision. Han förklarade för mig att Deklaration 6/29 skulle utfärdas och vad den skulle innehålla. Eftersom Han lät mig genom stark inspiration från den Helige Ande få veta att det skulle bli stora förändringar i landet förstod jag att saker och ting skulle ske mycket hastigt.

Nästa dag berättade jag för mina församlingsmedlemmar om detta i akronymform och jag skrev ner det i veckobladet för den kommande söndagen. Regeringen diskuterade detta i hemlighet och det var väldigt svårt för en vanlig medborgare att förstå omfattningen av det.

Skrev ner händelserna i förväg i veckobladet innan den 21 juni 1987

Med den politiska strukturen i vår diktatoriska regering vid den tiden i sinnet skrev jag om händelserna i baklänges akronymform i veckobladet som skulle ges ut följande söndag. Vi har fortfarande kvar detta veckoblad. Akronymerna var, på Hangul-språket, med koreanska bokstäver, "Min, Gey, Yak, Sei, Dae, Gye, Chong, Mo, Roh, Hu, Dae." På söndagens möten den 5 juli förklarade jag detaljerna bakom akronymerna

De betydde, "President(Dae) Chun utfärdade grundlagsskyddet "Protection of the Constitution" för att stödja presidentkandidaten(Hu) Taewoo Roh(Roh). Men i det att en man blir skjuten(Chong) i huvudet(Mo) kommer alla planer(Gye) omkring grundlagsskyddet att gå om intet. Inflytandet(Sei) från presidenten(Dae) Cheon hade blivit försvagat(Yak) genom motståndet från folket och för att acceptera folkets begäran skulle han utfärda Deklaration 6/29. Det skulle leda till en lagändring(Gey) i Grundlagen för att kunna ha direktval av president, och det skulle vara början på de mokratiseringsprocessen(Min)."

Dessa var de åtta föreskrifterna som Deklaration 6/29 innehöll:

1. Fredsfullt överlämnande av regeringen i februari 1988 genom Grundlagens lagändring.
2. Rättvist och hederligt val genom att införa direktval av president.
3. Benådning och diplomatiskt skydd av herr Daejung Kim.
4. Respekt för människans värdighet och efterföljande av de mänskliga rättigheterna.
5. Yttrandefrihet.
6. Lokal autonomi, frihet för universitet och autonomi för utbildningar.
7. Flera partiers involverande i politiken.
8. Målmedveten strategi i att verka för samhällets rening.

Resultatet av presidentvalet

I december 1987, innan det 13:e presidentvalet bad jag över det. "Gud, vad är Din vilja? Vem är den lämpligaste presidenten efter Din vilja? Vem kommer att bli president?"

Gud lät mig få veta att presidentkandidaten Taewoo Roh skulle bli president genom det valet. Sedan visade Gud mig presidentkandidaten Youngsam Kim i en blomstervagn på väg in i Det Blå Huset, presidentpalatset, efter herr Roh och kandidaten Daejung Kim kom in i Det Blå Huset i en blomstervagn.

Gud förklarade för mig att om Youngsam Kim och Daejung Kim vore enade, skulle kandidat Youngsam Kim först bli president och sedan skulle Daejung Kim bli president. När Herren visade denna vision för mig förklarade Han att Guds vilja var att dessa två kandidater skulle vara enade, men eftersom de inte skulle kunna bli enade i detta val skulle kandidat Taewoo Roh bli president.

Gud lät mig också veta att kandidat Roh skulle få fler röster än förväntat. På andra plats skulle kandidat Youngsam Kim komma, på tredje kandidat Daejung Kim och den fjärde kandidaten Jongpil Kim skulle få minst röster. Han lät mig också få veta i detalj hur kandidaterna Youngsam Kim och Daejung Kim skulle kunna bli enade och om så skedde skulle kandidat Youngsam Kim först bli president.

Jag skrev ett brev med denna information och lät en av mina församlingsmedlemmar överlämna detta till kandidat Youngsam Kims bostad i Sangdo Dong. Församlingsmedlemmen åkte till hans bostad men han var i Busan och höll ett kampanjmöte så brevet överlämnades till kandidatens fru. Hon läste brevet direkt och sa att hon skulle överlämna det åt sin man. Vi har fortfarande en kopia av brevet i kyrkan. De två kandidaterna lyckades inte förena sig med varandra så kandidat Taewoo Roh blev vald till president.

Kapitel 6

Församlingens Tillväxt och Prövningar

Berövad Rätten att Tala och Den Knäckta Ordförandeklubban

Samfundet som min församling tillhörde var United Holiness Church of Korea. Allt sedan starten av församlingen gjorde jag mitt bästa för att samarbeta med samfundet och min församling växte konstant.

Efter sammanslutningen med ett annat samfund

Men den 13 december 1988 blev vårt samfund förenat med församlingen Korea Holiness Church i Anyang och vi inlemmades i samfundet Anyang. Det skedde när Pastor Taekgoo Sohn, min seminareprofessor, var president över Union of the Korea Holiness Church och det var på hans förslag som församlingarna förenades. På den tiden hade min församling en iögonstickande tillväxt. När vår femte församlingsgren blev etablerad i Suwon, ville samfundets generalförsamling namnge vår församlingsgren. De sa att det var ett problem att ha namnet "Manmin" i vår församlingsgren så vi var tvungna att ändra namnet till "Suwon Deokwookyrkan."

I december 1989 fick jag ett officiellt brev från generalförsamlingen om att det skulle bli en inspektion så jag förväntades närvara kl. 11.00. Den 18 december kom jag till samlingsrummet klockan 10.30 men det fanns inget besked om att tiden hade ändrats till klockan 12. En god stund efter klockan 12 kallades jag in i mötesrummet. Där fanns sex pastorer som var medlemmar i generalförsamlingen. Så snart de såg mig började de ställa en mängd frågor till mig. Jag trodde att vi skulle starta med bön eller lovsång eftersom det var ett möte mellan pastorer. Jag blev besviken över att det inte blev så. De började förhöra och anklaga mig:

"Jag har hört att du har sagt att Jesus kommer tillbaka om 3-4 år, är det sant?"

"Jag har aldrig sagt något sådant."

"Du ljuger! Du är en lögnaktig pastor."

Jag blev alldeles mållös av alla frågor. De sa till mig att jag inte behövde förklara något och att jag bara skulle svara "Ja" eller "Nej".

"Du har en förmåga att ljuga på ett bedragande sätt och därför bedrar du tusentals får. Tror du inte att vi skulle kunna ha lika många församlingsmedlemmar om vi började bedra?" "De säger att du tar emot uppenbarelser. Så har du något annat ord än de 66 böckerna i Bibeln?"

"Det har aldrig hänt."

"Lögnare! Du hindrar församlingsmedlemmarna från att gå till arbetet och du säger till studenter att de inte ska studera!"

"Jag har aldrig gjort det."

"Du dansar trolldomsdans på altaret?"

"Jag har aldrig gjort något sådant."

De absurda frågorna fortsatte. Alla dessa frågor var grundade på missförstånd. De gav mig ingen tid att förklara någon av anklagelserna. En pastor som jag kallar "Pastor S" som förhörde mig, gav mig nio klausuler som hade blivit förberedda i förväg. Jag hade inte ens en aning om att de absurda frågorna var en del i rättegången för att komma fram till en dom. Dessa nio klausuler skulle sändas till min församling. De sa att om jag inte korrigerade dessa nio saker skulle de följa den dom de skulle komma fram till under detta möte. Klausulerna innehöll: förbud mot försäljningen av min biografi *Smak av evigt liv före döden;* förbud mot försäljningen av mina inspelade predikningar, förbud att använda namnet "Manmin" när vi etablerade församlingsgrenar; förbud mot heliga danser (lovsångsdans). Alla dessa förbud var helt oacceptabla för mig.

När det gällde detta "officiella brev", skickade jag in svar med detaljerade förklaringar. Jag tillade att jag hade skrivit brevet för att jag inte hade funnit något som var emot Guds ord och om det var något som var felaktigt bad jag dem att låta mig få veta det. Efter flera månader sände generalförsamlingen mig ett svar och sa att de inte hade accepterade mitt gensvar utan att förklara varför.

Berövad rätten att tala

Samfundets generalförsamling hölls under två dagar från den 30 april till den 1 maj. Jag var en av medlemmarna som representerade styrelsen i samfundet så jag var med på samlingarna. Två av mina äldstebröder i församlingen var också medlemmar i styrelsen. Men vi kunde inte hitta en stol med mitt namn på. Jag förstod att de hade planerat att avsätta mig. Jag letade efter mitt namn här och där men kunde inte hitta det. Mitt namn fanns inte heller med på listan över styrelsemedlemmar heller. Eftersom jag inte hade någon stol hade jag inte heller någon rätt att tala. Men eftersom jag ville låta dem få veta sanningen satte jag mig längst bak och tittade på samlingen.

När generalförsamlingen började den 1 maj blev mitt namn nämnt. "Pastor S", ordförande i inspektionskommittéen började tala fördömande om mig. De berövade mig rätten att tala inför samlingen och sedan, i enlighet med deras förutbestämda agenda, fortsatte de mötet. Det som sades om mig var inte sant, som till exempel:

"Pastor Jaerock Lee har sagt att han vet den dag då Herren återvänder. Det står på den och den sidan i hans biografi."

Jag hade aldrig sagt att jag visste datumet då Herren kommer att återvända. Jag kände inte till det faktiska datumet och självklart stod det inget sådant i min biografi, men eftersom mötesdeltagarna inte hade möjlighet att läsa min bok just då trodde de på det som presenterades och var tvungna att medverka i omröstningen. "Eftersom Pastor Jaerock Lee har väldigt fel, låt oss utesluta honom. Räck upp din hand om du håller med."

I mötet som handlade om att rösta för att utesluta mig, lämnade de flesta av de 300 styrelsemedlemmarna sina stolar, och bara ungefär 90 medlemmar stannade kvar. Bland dem räckte ca 30 personer upp sina händer och de var dem som redan i förväg hade beslutat sig för att rösta så. Vårt folk räknade antalet som räckte upp sina händer. Det var trettio personer men ordföranden annonserade, "Fyrtio-åtta medlemmar har räckt upp sina händer, och det är mer än hälften, så det beslutet är gällande." Sedan klubbade han igenom beslutet och jag blev utesluten när bara 30 av de 300 medlemmarna hade röstat så.

Den brutna ordförandeklubban

Men när ordföranden slog klubban i bordet gick klubban sönder och föll till marken. Det var uppenbarligen något väldigt ovanligt. Bara att se hur ordförandeklubban gick av, kunde vi känna att domen inte var rätt i Guds ögon. Jag, som offer, hade inte fått möjlighet att säga ett enda ord. Då fick äldstebroder Boaz Jungho Lee med knapp nöd rätt att tala och han sa, "Allt som hittills har blivit sagt är osanning. Hur kan ni döma honom utan att ens en gång hört honom? Han är här just nu, så varför skulle vi inte lyssna till honom?"

"Då ska vi ge honom rätt att tala. Gå tillbaka till din plats."

Men ordföranden gav mig inte chans att försvara mig själv, trots hans löfte. Inte ens när äldstebroder Lee återvände till sin plats fick jag chansen att tala och han började argumentera med hög röst,

"Ordförande, jag gick tillbaka till min plats endast för att du sa att du skulle ge Pastor Jaerock Lee rätten att tala, men varför ger du honom inte den rätten då?"

Ordföranden ignorerade äldstebroder Lees protest totalt. Allting avslutades så fort. Bara för att få en chans att tala hade jag suttit där sedan tidiga morgonen och under sju timmar utstå mycket förakt, men chansen gavs aldrig till mig. Till och med när en man döms till döden ger man honom en chans att försvara sig själv. Till och med i en diktaturstat eller i en kommunistisk rättegång skulle man höra den misstänkte. Men jag gavs inte en enda möjlighet att tala, trots att jag felaktigt hade blivit begravd av samfundet.

Bibelns undervisning angående uteslutning

Bibeln undervisar oss att vi måste ha åtminstone två vittnen för att en anklagelse ska tas upp mot en äldstebroder (1 Timoteusbrevet 5:19). Och som Guds tjänare, en pastor, borde de uppenbarligen ha gett mig en chans att försvara mig själv, men de hindrade mig fullständigt att säga ett enda ord, och de fördömde mig ensidigt. För att göra det hela ännu värre, var deras anklagelser inte sanna utan fullständigt uppdiktade.

När David blev jagad av kung Saul, som var avundsjuk på honom, hade David en gång en chans att döda kung Saul, men han gjorde inte det. Han sa, *"HERREN förbjude att jag skulle göra detta mot min herre, mot HERRENS smorde, att jag skulle räcka ut min hand mot honom. Han är ju HERRENS smorde" (1 Samuelsboken 24:7).* Trots att Saul hade övergivits av Gud, hade han en gång i tiden varit Guds smorde. Bara Gud kan ta itu med sina tjänare som har varit smorda av Honom, men dessa pastorer uteslöt mig efter deras egen vilja.

Jag hade kunnat undvika det genom att säga "Ja" en gång

En del pastorer i samfundet tyckte synd om mig och gav mig råd som, "Pastor, eftersom din församling växer så mycket har du blivit offer för avundsjuka. Varför kunde du inte bara säga "Ja" en gång till vad andra äldre pastorer sa till dig? Bara säg "Ja" en gång! Om de säger att Cola är cider, säg "Amen", och om de säger att cider är Cola, säg "Amen" också då." Men jag kompromissade inte med orättfärdighet utan följde bara den rätta vägen. Jag kom ihåg Daniel, när han var på väg att bli kastad i lejongropen, inte ens han kompromissade med orättfärdigheten. Sedan tänkte jag på Daniels tre vänner som inte kompromissade ens när de stod inför den fruktansvärda eldsugnen. När jag mediterade på detta visste jag att jag inte kunde förlita mig på något i den här världen, utan bara på Guds ord.

När nyheten spred sig i vår församling gick hundratals medlemmar till de två pastorerna som ledde uteslutningsprocessen för att protestera. Många andra pastorer som också kände sanningen ringde dessa pastorer och protesterade. Sedan bad samfundets president att få träffa mig. "Jag kommer att ha överseende med allt som har hänt om du bara säger mig en sak", sa han. "Om du gör detta kommer jag att upprätta ditt namn och vi går tillbaka till vår relation som den var innan allt detta skedde. Säg bara "ja" till de nio klausulerna och följ dem." Men jag kunde inte acceptera att de var sanna. Hur kunde jag kompromissa med sanningen bara på grund av fruktan för att bli utesluten? Jag var så ledsen och sorgsen hela denna vecka och gick ner fyra kilo när jag tänkte på de två pastorerna som ensidigt hade fördömt mig, kunde jag inte hjälpa att känna sorg och jag tyckte också synd om dem. En av pastorerna som jag bara nämner som "Pastor K", som också var en av presidenterna i samfundet, hade ofta sagt "Manmin Joong-ang församlingen är inte en biblisk sekt." Jag publicerade en bok som heter *Himlen kommer att skipa rätt* och sände den till alla församlingar i Korea oavsett vilket samfund de tillhörde. Efter att detta hade skett talade Gud dessa ord till mig när jag var i bön,

"Du kunde ha valt att själv gå ur samfundet och på det sättet inte behöva gå igenom skammen i att bli utesluten. Men du valde att göra så för att inte gå bakom ryggen på ditt samfund. Det är dessa slags tjänare eller barn som jag vill ha. Du valde den rätta vägen, och snart kommer du att bli ledare för församlingssammanslutningar."

Gud ledde oss att etablera ett nytt samfund så att vi kunde undvika oresonliga förbud och arbeta för Guds rike med all vår energi. Den 1 juli 1991, blev generalförsamlingen i United Holiness Church of Korea grundad och jag valdes till president. Efter att vi hade gått igenom en stor prövning kunde jag känna att Gud tilldelade mig ännu större kraft.

Leda Väckelsemöten Över Hela Landet

Efter att jag 1986 blev ordinerad som pastor, blev jag inbjuden till många platser över hela landet för att tala på väckelsemöten. Allt sedan 1987 talade jag på väckelsekampanjer som anordnades gemensamt av flera samfund varje månad i städer som Pohang och Daegu. Jag talade mest om att ropa ut i bön till Gud och varför Jesus är vår ende Frälsare. Båda ämnena behandlas i boken *"Budskapet om korset"*.

På den andra och tredje dagen av dessa väckelsekampanjer tog pastorer emot nåd från ordet som predikades och de förstod den andliga betydelsen av Guds ord och till skillnad från väckelsekampanjernas början brukade de tacka mig med ödmjuka attityder.

Diakonissan Boonhan Cho botad från bältros

I mars 1990 åkte jag på en inbjudan från en församling i

Daegu. Jag hade också möjlighet att besöka diakonissa Boonhan Cho i hennes hem. Hon var vid den tiden 77 år gammal och hon led oändligt mycket på grund av bältros. Hennes barnbarn diakon Joonha Hwang arbetade på den tiden som medicinsk officer i armén i Jinhae medan han höll på att ta doktorsgrad i medicin vid Korea University. Diakon Joonha Hwang hade en uppriktig tro och tog mycket väl hand om sin farmor. Hon besökte också vår församling under en tid med en längtan att få Guds levande ord. Diakonissan Boonhan Cho hade även bölder på sin hud och när de sprack orsakade de en allvarlig form av artrit som en komplikation. Inre nerver var angripna av virus och orsakade så mycket smärta att hon skrek dag och natt. Hon kunde inte röra sig alls och låg ner hela tiden. Hennes muskulatur i armar och ben var kontraherade och hon hade mycket svårt att äta och att sova. Hon var bara skinn och ben. Hennes enda hopp var att hon skulle få dö hastigt. Lidandet för hennes familj som tog hand om henne var naturligtvis stort.

Jag lade min hand på henne och bad för henne och så snart bönen var över ropade hon plötsligt, "Demonen är på väg ut!" och hon lyfte upp sin högra hand. Eftersom hon led av bältros på höger sida över nacken och högra skuldran var det mycket svårt för henne att lyfta höger arm. Men snart satte hon sig upp och hon kände att demonen som hade orsakat sjukdomen hade lämnat henne. Hon var fullständigt botad.

Hennes barn och till och med hennes svärson, som var en professor vid Kyoungbook National University i Daegu ville ta hand om henne men hon flyttade till Seoul, hyrde ett litet hus nära kyrkan och levde ett hälsosamt kristet liv under en tid, med fullheten i den Helige Ande.

Trots störningsmoment mot väckelsen av enhet i Daegu

Den 4 maj 1990 var jag inbjuden att tala på ett möte på Jooahm Böneberg i staden Daegu. Det arrangerades av Kyeong Sang Province Mission Union. Det var så mycket folk där att man satt både nedanför och bakom altaret. Ändå kunde inte alla komma in i kyrksalen. Inte ens körmedlemmarna fick plats så de fick sjunga utanför. Genom Guds nåd var det många pastorer som deltog och många helandeunder skedde.

Eftersom mötet blev en framgång arrangerade samma organisation ett ännu större möte följande år. De hyrde Daegu sporthall. Många missionsorganisationer stödde detta möte med sina böner. Samfundet som hade uteslutit mig försökte störa detta möte.

Bara en vecka innan mötet, på fredagsbönenatten, kom Guds ord till mig. Det innehöll en önskan till alla församlingsmedlemmar att fasta under en dag på den kommande söndagen för att driva ut Satans synagoga. Vid den tiden hade jag inte fått veta vad som höll på att hända i Daegu. På lördagen mottog jag en rapport från församlingsarbetarna som hade besökt Daegu och som hade sett vad som pågick.

Samfundet som hade uteslutit mig, försökte hindra mötet genom att sända ett officiellt brev till ordföranden i kommittén som arrangerade mötet, till media och till andra relaterade organisationer där det stod att man hade fördömt mig på grund av villolära och att jag hade blivit utesluten ur samfundet. Det ledde till att pastorer i samfundet "J", som tidigare hade stöttat mötet, sände ett officiellt brev till sina församlingar där det stod, "Eftersom Rev. Jaerock Lee är en villolärare anser vi att de som stödjer detta möte också är villolärare." På grund av detta kunde organisationer och pastorer som tidigare hade stöttat och bett för mötet inte längre hjälpa till. Många falska rykten spred sig, till och med att mötet hade blivit inställt.

Den 18 mars 1991 startade mötet, utan att jag hade haft en chans att tala om vår församlings position och om sanningen. Organisationerna som valde att tro på breven hade vänt oss ryggen. Men trots pressen från samfundet var det ändå många pastorer som deltog i att förbereda mötet. Det var mycket tacksamt! Eftersom Gud rörde vid våra församlingsmedlemmars hjärtan åkte de till Daegu och förberedde mötet. Plötsligt beslutades det att mötet skulle arrangeras av vår församling. Många deltagare kom och mötet avslutades genom Guds nåd.

Fienden djävulen försökte ställa in detta möte och förde fram starkt motstånd men eftersom Gud vet varje människas planer och tankar tillät Han oss att fasta och be i förväg. Till slut lät Han allt samverka till det bästa.

"Vad skall vi nu säga om detta? Är Gud för oss, vem kan då vara emot oss? Han som inte skonade sin egen Son utan utlämnade honom för oss alla, hur skulle han kunna annat än också skänka oss allt med honom? Vem kan anklaga Guds utvalda? Gud är den som frikänner. Vem är den som fördömer? Kristus Jesus är den som har dött, ja, än mer, den som har blivit uppväckt och som sitter på Guds högra sida och ber för oss. Vem kan skilja oss från Kristi kärlek? Nöd eller ångest, förföljelse eller hunger, nakenhet, fara eller svärd? Det står ju skrivet: För din skull dödas vi hela dagen, vi räknas som slaktfår. Men i allt detta vinner vi en överväldigande seger genom honom som har älskat oss" (Romarbrevet 8:31-37).

Flytten Till en Ny Kyrkolokal Genom Tro

I mars 1987 fanns det inte längre tillräckligt med plats för det växande antalet församlingsmedlemmar i vår kyrksal och vi bad om att få en annan större lokal. I Shindaebang 2 Dong, där församlingen startades hade en ny byggnad just färdigställts och vi hyrde den andra och tredje våningen.

Mellan 13 och 17 april hade vi väckelsemöten för att fira flytten till den nya byggnaden. Titeln var "Inte alla som kallar mig 'Herre, Herre' kommer att komma in", och jag predikade om Nåd, den Helige Ande, Tro, och Evigt Liv. Tre månader efter väckelsemötena var den 1,338 kvm stora lokalen full av människor.

När vi ropade ut i bön

Som idag, bad våra församlingsmedlemmar tre timmar varje natt på Daniels bönenätter. Vi satte frigolit i fönstren för att hindra att oljudet hördes ut, men eftersom byggnaden inte var ljudisolerad kunde vi inte hjälpa att en del hördes ut. Som tur var fanns det bara en marknadsplats utanför kyrkan och inte bostäder. En gång skedde det att en som bodde i området lämnade in ett klagomål på oljudet från vår kyrka, men en medlem i en kvinnoorganisation hade svarat, "De stänger fönstren till och med mitt i sommaren, och har satt frigolit i fönstren. Böneljudet som hörs är som en vaggvisa för mig." Sedan talades det inget mer om den saken. En gång hände det att en boende klagade på en polisstation. Polismannen som tog emot klagomålet sa, "Du sover och dessa människor ber för nationen utan att unna sig sömn. Vad är det för fel på dig?" Den personen klagade inte mer efter den kommentaren.

Övervinna en kris genom Guds nåd

Gud ville inte att vi skulle förbli nöjda med hur saker och ting var då. Han tillät en prövning som skulle föra oss till en större plats. I april 1988 var hela kyrksalen, kontoren, trapphusen, och till och med korridoren full av människor som deltog i gudstjänsterna. På den tiden fanns det mataffärer i källarvåningen i samma byggnad. Eftersom affärerna inte gick bra stängde en efter en. Vi hade ett kontrakt att kunna köpa källaren också men plötsligt motsatte sig köpmännen på marknadsplatsen och de boende detta. De spred falska rykten om att församlingen höll på att driva iväg alla köpmän från platsen.

Dessa människor utförde shamaniska riter utanför kyrkporten på söndagarna och de spelade högt på traditionella koreanska trummor. Vi försökte till och med tillkalla polis men när de kom hade människorna redan lämnat platsen. Stadens myndigheter låg bakom detta. På den här tiden besökte herr "S" som var en medlem i oppositionspartiet, vår församling och hade gemenskap med mig. Han mottog förbön inför valet och han blev vald. Sedan trodde kandidaten från majoritetspartiet som hade förlorat valet att eftersom vår församling stödde oppositionspartiet skulle det bli svårt för honom att vinna nästa val. Så han använde en del av sitt inflytande på myndigheternas distriktskontor och polisstationen för att driva bort vår församling. Det var först långt senare som jag förstod hela situationen. Församlingsarbetare började säga att de inte kunde stå ut längre och ville gå till distriktskontoret för att protestera. De ville också vidta juridiska åtgärder, men jag avrådde dem från att göra något. Jag övertalade dem endast genom Guds ord som säger oss att löna ont med gott.

Församlingsmedlemmarna lydde mitt ord. De utstod motståndet från de boende i området och försökte att betjäna dem. Men allt eftersom tiden gick blev förföljelserna mer intensiva. Det lokala "Dong"-kontoret (underavdelning), myndigheternas distriktskontor, stadsdelens representanter, kvinnoorganisationens president och till och med de äldre medborgarna i området kom för att störa mötet och brandmän kom för att kontrollera våra utrymmen varje dag för att skapa problem för oss.

Det enda jag kunde göra var att böja knä inför Gud och be. En dag hörde jag att de som försökte driva bort vår församling ville träffa mig. När jag gick till stadsdelens underavdelning fanns där mer än tio representanter från olika sektorer i det området.

"Pastor, rädda oss! Vi lider så mycket. Det känns som om vi håller på att falla ner i helvetet." "Vi vill också lämna den här platsen men vi har inte någon plats som är tillräckligt stor, och vi har inga pengar heller." "Pastor, hur mycket behöver du för att flytta er mötesplats?"

De berättade sina problem och jag kunde se hur Guds hand hade arbetat. Bland dem som hade varit i fronten och som ville driva bort vår församling från området, hade många plötsligt blivit svaga och drabbats av olika sjukdomar. Rykten om detta spred sig väldigt fort. Där fanns människor som hade blivit rädda för att höra på nyheterna. De som var mest aktiva i motståndet mot oss upplevde som om de höll på att falla ner i helvetet. Eftersom de inte kunde stå ut med den fruktan ville de träffa mig. De gav oss 300 miljoner won (2,1 miljoner kronor) som var precis det belopp vi behövde för att flytta vår mötesplats. Vi hade inte ens några tusentals dollar så detta var en mycket stor summa för oss.

När kung Abimelek tog Sara till sig för att han trodde hon var Abrahams syster, uppenbarade Gud sig för honom i en dröm och talade om för honom att Sara var Abrahams fru, och befallde honom att sända henne tillbaka. Abimelek sände inte bara tillbaka Sara utan gav också får, kor, och tjänare till Abraham (1 Mosebok 20). När Gud handlade, övervann Abraham kriserna och blev väl behandlad. På samma sätt gick det för oss att övervinna krisen genom Guds ingripande.

Landområde förberett av Gud framför oss

Vi bad, "Gud ge oss ett 5000 kvm stort landområde." Nära kyrkan fanns det en byggnad så stor och vi bad mycket starkt om att få flytta in i den byggnaden. Men en dag 1990 tillkännagav Flygvapnet, som låg i Boramae Park, att de skulle flytta och att platsen skulle göras om till en park. Seoul stadshus tänkte sälja landområdet till privata investerare. Jag insåg att Gud hade förberett ett landområde för oss i Boramae Park. Det skulle vara bra på många sätt. Det var orsaken till att Gud ledde mig till Shindaebang Dong för att starta församlingen. När vi bad över att ta över Boramae Park sa Herren till oss, *"Jag har gett er landet, så gå och inta det. Hela församlingen måste visa tro. Efter att ni har intagit detta välsignade land, kommer jag ta över allting."* Vår församling lade ett bud men med församlingens tro på den tiden var det svårt att ens köpa ett 3,300 kvm stort område. Det var bara ett fåtal medlemmar som hade tro.

Gud ledde Israels folk till Kanaans land, men de kunde inte gå in i landet för att de var olydiga. Bara deras barn kunde gå in i landet. Eftersom vi inte kunde visa vår tro på det sätt som behövdes ledde Gud oss till en annan plats i Guro Dong. Han hade förberett en byggnad i ett industriområde som var ungefär 8,300 kvm stort.

Högtidligt Firande av den Nya Kyrkbyggnaden och Fortsatta Störningsmoment

Det var på Guro industriområde som den stora industrialiseringsprocessen startade i Korea. På den tiden fanns det många fabriker där. Vår fjärde kyrkolokal, Guro Dong-lokalen, hade tidigare varit ett elektronikföretag som hette Shin Ae Electronics. Innan företaget gick i konkurs träffade jag dess ägare.

Han sa till mig, "Pastor, jag skulle vilja bygga Manmin Centralkyrkans kyrkolokal på detta område." Det var första gången han träffade mig men han sa att han ville bygga en kyrkolokal för Manmin Centralkyrkan på sitt företagsområde. Jag tog honom på orden och trodde på vad han hade sagt. Jag gensvarade med ett "Amen". Senare gick Shin Ae Electronics i konkurs och ägaren flydde till USA. Diakonissan Shin Ae Hyeon blev VD i hans ställe. Men eftersom företaget hade mycket skulder, strejk bröt ut bland arbetarna och arbetarna krävde att få sina outbetalade löner, fick hon en jobbig tid framför sig. Hon bad att företagets område skulle bli använt för Guds rike genom någon mycket känd pastor. Gud svarade henne och sa, *"Ge landområdet till Rev. Jaerock Lee, som jag älskar."* Efter att ha hört sig för hittade hon till slut mig. Hon ringde mig och jag gick för att träffa henne där hon höll väckelsemöten för att hälsa på henne formellt. Platsen var i Yongsan, och det var i hennes församling som jag hade upplevt Guds helande 1974. Efter det hade jag bara träffat henne formellt en gång. Vi hade inte träffats mer sedan dess så hon kom inte ihåg mig alls.

Hon förklarade hela processen som hon hade fått gå igenom för att hitta mig. Gud rörde vid mitt hjärta och vi beslutade oss för att köpa området. Vi behövde 10 miljarder won (70 miljoner kronor) och för att lösa problemet med arbetarna behövde vi ytterligare 2 miljarder won (14 miljoner kronor).

Högtidligt firande för den nya kyrkbyggnaden

Den 10 februari 1991 lämnade vi kyrkan i Shindaebang Dong för att flytta till Guro Dong, och vi hade ett högtidligt firande. Vi betalade långivarna och de obetalade lönerna. Sedan började vi renovera byggnaden och göra om den till en kyrkobyggnad.

När vi flyttade hade vi bara 300 miljoner won (2 miljoner kronor) som vi hade fått för den gamla byggnaden. Så om man tittade på verkligheten i situationen kunde vi inte ens ta ett steg för att leda så många medlemmar. Men eftersom vi var säkra på att det var Gud som ledde oss marscherade vi med tro. Ett år efter att vi hade flyttat in lade banken ut byggnaden för auktion igen, men vi hade inte pengarna. Banken sa, "Er församling har redan löst den svåra situationen för företaget som hade problem med arbetarfacket, och ni spenderade mycket pengar på att renovera byggnaden och göra om den till en kyrkbyggnad. Men vem skulle vilja investera pengar i detta landområde?" De sa till oss att köpa området när priserna var på ner. Men verkligheten var annorlunda. Ett annat företag köpte området som en del av deras planer på att bygga bostäder. De bad oss evakuera byggnaden. Vi hade naturligtvis ingenstans att ta vägen, och vi kunde inte bara lämna byggnaden.

Den 15 februari 1992 kom företaget som hade köpt området med ca 100 verkställare för att ta ut församlingens ägodelar. En del av våra församlingsarbetare blev misshandlade när de försökte stoppa dem. Företaget stämde oss och sa att vi hade brutit mot lagen. Genom allt detta lät Gud våra medlemmar älska kyrkan och be ännu mer. Sedan rörde Han vid dem som hade köpt området och de skrev ett nytt kontrakt med oss. Sedan började vi återbetala priset för området till dem.

Störningsmoment emot Seoul Evangelikala Korståg

Från den 18 till 21 maj, 1992, hölls kampanjen "Seoul Evangelical Crusade" i vår församling av "1995 Nation's Re-Unification and Jubilee Crusade Organizing Committee." Det arrangerades av *"Nation Re-Unification and Evangelism Movement"* med stöd från tidningen the Kukmin Ilbo, tv-bolaget Far East Broadcasting Company, radiostationen Christian Broadcasting System, tidningarna *The Christian Newspaper* och *The Korea Church Newspaper,* samt Police Chaplain's Office. Fienden djävulen stod än en gång emot detta möte och ville ställa in det.

Men det fanns några kända pastorer som pastor Hyeon

Gyoon Shin och Jaechul Hong som skulle vara talare. De fick motstå hård press från dem som ville hindra dem att tala på detta möte. Återigen sa man att jag var en villolärare och man drog upp att jag hade blivit utesluten ur samfundet. Om pastorerna talade i detta möte skulle de möta situationer som inte skulle vara till deras fördel i framtiden. Men dessa som var kallade att predika visste att jag var en pastor som följde evangeliets tro med kärlek till Herren Jesus Kristus, så de gav inte efter för motståndet. Mötet genomfördes och var framgångsrikt genom den Helige Andes verk. Mellan den 14 och 17 september samma år hölls kampanjen "Seoul Citizen Evangelism United Crusade" i vår kyrka, arrangerat av Korea Christianity Revival Association, och åtta pastorer inklusive pastor Jongman Lee talade på detta möte.

Försoning med Helgelsesamfundet (Anyang)

I februari 1992 började samfundet "Holiness Christian Church of Korea" (Anyang) som hade fördömt mig att återigen komma med motstånd mot vår församling då vi hade format ett oberoende samfund och växte hastigt. Pastor "Y" som var president över det samfundet på den tiden spred många gånger falska rykten till Koreas Kristna Råd och till media. Eftersom denna smutskastning pågick orsakade det mycket skador för evangeliet. Vi beslutade oss till slut att vår församlings representanter skulle stämma pastor "Y" för förtal.

Pastor "Y" var nu tvungen att betala böter och han var på väg att kastas i fängelse. Han blev desperat och bad oss många gånger genom min seminarieprofessor, Pastor Taekgu Sohn, att dra tillbaka stämningen. Pastor Taekgu Sohn bad också oss om att släppa anklagelserna och istället försonas eftersom pastor "Y" hade sagt att han inte skulle involvera sig i kyrkosamfund mer utan bara koncentrera sig på sin tjänst.

Pastor "Y" var också kommen till åren och jag tyckte synd om honom. Så när jag ville acceptera önskan från pastor Taekgu Sohn att dra tillbaka stämningen, var advokaten som ledde fallet väldigt starkt emot den idén. Han gav oss rådet, "Ni ska inte släppa anklagelserna nu. Jag har gjort en omfattande undersökning om vad de har gjort tidigare och om detta problem inte löses på ett grundligt sätt nu kommer de att göra samma sak igen." Jag höll inte med advokaten och skrev under ett dokument med det muntliga avtalet och släppte fallet.

Det var den 20 april 1993 som vi båda möttes och skrev under avtalet. Vi har fortfarande kvar brevet. Pastor "Y" undertecknade ursäkten och löftet som löd, "Jag ber om ursäkt för att jag har delat ut material och spridit förtal mot Rev. Jaerock Lee och Manmin Joon-ang kyrkan. Jag kommer att göra mitt bästa att hålla mig borta från dessa slags handlingar i framtiden och mitt fokus kommer att vara endast på min tjänst." Vi släppte alla anklagelser och förlät honom, men precis som advokaten hade förutsett fortsatte han att störa vår församling, istället för att vara tacksam gentemot oss. Han skyllde på att han inte hade bett om ursäkt som samfundets president utan endast som privatperson.

Villolära Enligt Bibeln

Eftersom väckelsen spred sig snabbt blev jag välkänd men vissa människor började se mig som en villolärare eftersom jag hade blivit fördömd av samfundet "Holiness Christian Church of Korea." De som aldrig hade träffat mig, aldrig lyssnat på mina budskap eller varit till vår kyrka dömde oss bara genom vad de hörde från andra människor runt omkring dem. I Bibeln kan vi läsa om aposteln Paulus som älskade Jesus Kristus så mycket och predikade evangeliet med hela sitt liv. Till och med han blev förföljd och bedömd som "galen", "en pestböld", och "ledare för nasaréernas sekt" (Apostlagärningarna 24:5).

Nu borde vi titta igenom vad Bibelns definition av villolära är. 2 Petrusbrevet 2:1 säger, *"Men det fanns också falska profeter bland folket, liksom det bland er kommer att finnas falska lärare som smyger in förödande läror. De skall till och med förneka den Herre som har friköpt dem och drar så plötsligt fördärv över sig."* Här hänvisar "den Herre som har friköpt dem" till Jesus Kristus. Innan Jesus korsfästes, återuppstod och avslutade sitt uppdrag som Frälsare finner man inte ordet villolära i Bibeln. Detta är orsaken till att ordet "villolära" inte finns i det Gamla Testamentet och i de Fyra Evangelierna; Matteus, Markus, Lukas och Johannes.

När man studerar de Fyra Evangelierna kan man se att inte ens de skriftlärda, fariséerna, prästerna och översteprästerna använde ordet "villolära" när de förföljde Jesus. Bara efter att Jesus hade återuppstått och uppfyllt sitt uppdrag som Kristus kallades de som förnekade den "Herre som har friköpt dem" för villolärare. Det är också bara i Andra Petrusbrevet som Bibeln varnar för dessa villolärare. Namnet Jesus betyder "Han kommer att frälsa sitt folk från deras synder" (Matteus 1:21), och Kristus betyder "Den smorde." Bara efter att Jesus hade blivit korsfäst och hade återuppstått hade Han uppfyllt sitt uppdrag som Kristus och blev vår Frälsare.

När vi därför avslutar våra böner vore det mer riktigt i andlig bemärkelse att istället för att säga "I Jesu namn jag ber" säga "I Jesu Kristi namn jag ber." I 1 Johannes brev 2:22 står det *"Vem är lögnaren, om inte den som förnekar att Jesus är Kristus? Den är Antikrist som förnekar Fadern och Sonen."* Att därför förneka Treenighetens Gud (Gud Fadern, Sonen Jesus Kristus, och den Helige Ande) är villolära. Därför är det inte rätt inför Gud att ovarsamt döma eller fördöma en individ eller församling som tror på Gud Fadern och accepterar Jesus Kristus som Frälsaren.

Att fördöma en församling där den Helige Andes verk sker i Jesu Kristi namn är att fördöma och att stå emot den Helige Ande och Bibeln varnar oss att detta är en synd som aldrig någonsin kan bli förlåten. Den Helige Ande är en del av

Treenigheten, och om människor säger att dessa verk från den Helige Ande är djävulens verk, är att säga att Gud är djävulen och villolärare, och hur kan dessa slags människor bli frälsta? I Matteus 12:22 läser vi om en person som Jesus hade botat som hade varit blind och stum på grund av en demon. När fariséerna fördömde Jesus sa de, *"Det är bara med hjälp av Beelsebul, de onda andarnas furste, som han driver ut de onda andarna"* (Matteus 12:24). Jesus svarade, *"Därför säger jag er: All synd och hädelse skall människorna få förlåtelse för, men hädelse mot Anden skall inte förlåtas. Den som säger något mot Människosonen skall få förlåtelse. Men den som talar mot den helige Ande skall inte få förlåtelse vare sig i den här tidsåldern eller i den kommande" (Matteus 12:31-32).*

När fariséerna fördömde den Helige Andes verk som manifesterades av Jesus genom Guds kraft, var det hädelse mot den Helige Ande. Det var en sådan allvarlig synd att den inte kunde bli förlåten, och de kunde inte bli frälsta.

Prövning av att Blöda Till Döds

I juni 1992 gick jag igenom mycket svårigheter i församlingen som jag inte kunde tala med någon om. Jag arbetade många dagar utan att vila och kunde inte sova på många nätter. Jag var utmattad, det var mer än jag kunde klara av. Framför allt var det några assisterande pastorer och arbetare som slutade att be och som fortsatte att vara olydiga och slutligen tillät Gud en prövning att komma. Eftersom jag tog på mig en alltför tung börda var jag på gränsen att drabbas av en hjärnblödning. När församlingsmedlemmarna blev sjuka kunde jag be för dem. Men om jag själv drabbades av en hjärnblödning? Gud arbetade på ett sådant sätt att innan jag ramlade på grund av hjärnblödning lät Han en stor ven i min näsa brista så jag blödde näsblod.

Det var den 13 juni 1992, en lördag. Eftersom jag hade ett bröllop att officiera förberedde jag mig för att gå hemifrån. Plötsligt började jag blöda näsblod och jag fick be en annan pastor hålla vigseln istället för mig. Blodet rann ut ur båda näsborrarna och genom munnen. Under eftermiddagen blödde jag i en och en halv timme. På kvällen blödde jag ytterligare en timme. Jag var tvungen att sitta med mitt huvud nerböjt. Om jag lyfte upp mitt huvud började blodet omedelbart rinna ner i min hals och ge mig kvävningskänsla.

På söndagsmorgonen när jag skulle tvätta av mig, började jag blöda igen och jag kunde inte gå till kyrkan. En stor mängd blod kom ut ur mina näsborrar och rann nerför halsen också. Medan jag blödde undrade jag var denna stora mängd blod kom från.

Mer än 100 assisterande pastorer och församlingsarbetare hade hört nyheten i kyrkan och kom till min bostad. Först ville några hjälpa mig att tvätta bort blodet med näsdukar och handdukar, men eftersom blödningen inte avstannade utan fortsatte kunde de inte hantera det med dessa ting. Jag hade en bunke framför mig. Eftersom alla visste att genom min tro förlitade jag mig inte alls på de världsliga metoderna, så ingen talade om att åka till sjukhuset.

Plötsligt kände jag att jag ville lyssna på psalmer och frågade efter det. Någon kom och sjöng psalmer. När jag lyssnade på dem fick jag frid i mitt hjärta och kände att jag ville flytta hem till himlen direkt. Jag började förlora all energi och höll på att glida in i medvetslöshet. Men jag kunde känna att min ande blev tydligare och full av Anden.

Vid vägskälet att välja mellan liv och död

I den stunden, med tydlig inspiration, lät Gud mig få veta det exakta andliga tillståndet hos några som var samlade där. Jag uppmanade dem att göra sig av med all arrogans och osanning som Gud hatar och berättade min sista önskan till mina familjemedlemmar. Senare fick jag veta att hela församlingen bad för mig i kyrkan just då.

Min puls stannade och jag slutade också att andas. När jag förlorade medvetandet kände jag att min ande höll på att lämna kroppen. Jag hörde äldstebroder Boaz Lee och andra som under tårar och rop bad, "Gud, snälla, låt vår pastor komma tillbaka till livet igen!" De berättade för mig att när de kände på min handled fanns det ingen puls och när de rörde vid mitt bröst var det kallt. Då kom Herren till mig.

"Min tjänare, vill du komma till mig eller vill du gå tillbaka och uppfylla din uppgift?"

"Herre, jag vill vara vid Din sida."

På den tiden bodde vi i ett hus som vi betalade månadshyra på. Jag hade inte ens ett hus eller några sparade pengar på banken. Ändå oroade jag mig inte för min familj, utan ville bara gå till himlen. Då visade Herren mig två scener. Efter att jag hade kommit till Herrens sida, kom fienden djävulen och slog församlingen. Kyrksalen rasade samman och många troende blev som vilsna får och gick tillbaka till världen, till dödens väg. En del medlemmar var på väg till himlens port genom fasta och bön, men nästan hela församlingen förlorade sin väg, och började gå tillbaka till världen och till helvetets väg. Då kom jag till besinning.

"Herre, låt mig få gå tillbaka. Jag vill komma inför Dig med församlingsmedlemmarna efter att vi har byggt den Stora

Helgedomen."

Jag bad med en önskan att få leva. Då kom ett ljus från ovan och en stark kraft kom över mig. Jag satte mig upp direkt och bad om vatten. Jag förstod jag att vattnet jag drack förvandlades till blod i min kropp. Jag stod upp och gick ut i vardagsrummet. Några medlemmar som inte hade kunnat komma in på mitt rum var där ute och bad och ropade. De församlade blev överraskade och väldigt glada. Jag skakade hand med dem alla och kunde till och med prata med dem. Mitt ansikte började återfå färgen. Det fanns inget som tydde på att jag hade blött till döds. Ändå hade jag inte helt återfått medvetandet helt och hållet, jag bara kommer ihåg vad jag hörde från andra människor, och själv kommer jag inte ihåg allt i detalj.

Efter det har jag alltid druckit vatten om jag har blött. Vanligtvis drack jag hellre läsk än vatten, men jag ville dricka mycket vatten. Eftersom jag hade blött så mycket hade jag dött om jag inte hade fått blod. Men precis som Herren förvandlade vatten till vin, var jag övertygad om att vatten kunde bli förvandlat till blod genom Guds kraft närhelst jag drack vatten. Eftersom jag visste att till och med min blödning var i Guds omsorg, kunde jag inte förlita mig på denna världens mediciner över huvud taget. Jag förlitade mig fullständigt på Gud den Allsmäktige och lämnade allt i Hans händer.

Jag hade inte ens en önskan om att åka till sjukhuset för att förlänga mitt liv. Om Gud ville ta min ande, finns det ingen orsak för mig att försöka leva vidare. Bara om det är Guds vilja skulle jag hellre välja döden. Jag känner Gud den Allsmäktige mer än någon annan och jag hade botat så många människor genom Guds kraft, och om jag inte kunde bli botad genom tro, hur skulle jag då kunna lära församlingen att ta emot helande genom tro? Därför väljer jag hellre att dö än att förlita mig på sjukhus. Jag mötte döden med glädje, talade om min sista önskan för mina familjemedlemmar i frid, men för att det inte var Guds vilja för mig att dö, lät Han mig komma tillbaka till livet igen.

Klarade av Abrahams test

Eftersom blödningen avstannade den kvällen, åt jag middag och gick till min böneplats. Men den natten blödde jag under en och en halv timme och följande morgon blödde jag igen. Jag kunde inte äta eller ligga ner. Om jag låg ner skulle blodet i mitt hjärta rinna ner så jag var tvungen att halvsitta med mitt huvud neråt. På söndagen var jag fortfarande på min böneplats. Jag hade en inspelad predikan med budskapet "Gud, Läkaren" som jag hade predikat över tidigare. När det var dags för förbön för de sjuka lade jag mina händer på mitt huvud och tog emot förbön, och efter det avstannade blödningen fullständigt. Genom denna händelse förstod jag än en gång och var överraskad av att bön för de sjuka var väldigt kraftfull.

Jag räknade ut hur länge jag hade blött. Under åtta dagar, under trettio tillfällen, blödde jag i 24 timmar. Det var tillräckligt för att blöda ut hela blodsmängden i kroppen flera gånger. När jag blödde drack jag vatten, och detta vatten förvandlades till blod och detta pågick under åtta dagar. Gud testade mig under åtta dagar, men jag klagade aldrig eller kände avsky som Job. Jag var bara tacksam. Även om jag skulle dö, skull jag få komma till Herrens sida och leva lyckligt i himlen, så det fanns ingen orsak för mig att vara ledsen.

Eftersom jag blödde mer när jag låg ner var jag tvungen att sitta med mitt huvud nerböjt hela tiden. Jag tänkte mycket.

Gud gav mig mycket kraft, men jag hade inte lett församlingen in i tron på ett ordentligt sätt. Jag kunde inte kontrollera församlingsarbetarna ordentligt och vi hade ännu inte byggt den Stora Helgedomen än. Jag kände mig mer och mer bedrövad inför Gud när jag tänkte på detta. Jag tillbringade åtta dagar utan sömn med ett hjärta som omvände sig inför Gud.

Eftersom jag tacksamt var villig att ge upp mitt liv när Gud begärde det, gav Gud mig livet tillbaka på åtta dagar. Gud lät mig senare veta att precis som Abraham klarade av testet att offra sin ende son Isak, hade jag också klarat av testet att ge upp mitt eget liv. Eftersom jag hade klarat av testet förökades Guds förtroende för mig och Han välsignade mig med att visa ännu kraftfullare gärningar. Denna händelse var också en chans för församlingsarbetarna och medlemmarna att vakna upp på nytt och församlingen fick en stadig grund på klippan.

Trots Att Jag Varnade för Tidsbegränsad Eskatologi

Efter att vår församling hade startats 1984, predikade jag om den sista tidens tecken från sådant som jag hade tagit emot genom Guds inspiration. Jag förklarade relationen mellan Syd- och Nordkorea, om numret "666", om Europaunionen och så vidare. Men relationerna mellan Syd- och Nordkorea var väldigt dåliga, och till och med kreditkort var ovanliga så medlemmarna kände inte helt igen sig i det jag sa.

Jesus klagade och sa, "När Människosonen kommer, kommer han att finna tro på jorden?" så jag försökte göra mitt bästa för att inplantera tro i de troende så att de skulle bli sanna vetekorn som hade sann tro, i denna sista tid. Men i det att jag predikade om den sista tidens tecken, blev jag känd som någon som hade satt en tidsbegränsning på slutet. Mina artiklar spreds i tidningarna, och på tv. Jag blev återigen känd.

I vissa publicerade artiklar stod det sådant som jag inte hade sagt, och en pastor "L" som talade om tidsbegränsad eskatologi sa att jag hävdade samma saker som honom. De flesta medierna skrev positiva artiklar om mig men en person som skrev i ett månadsmagasin, herr "T", fördömde att jag hävdade att jag visste när Herrens dag skulle komma. Men eftersom allt skulle komma att uppenbaras i sin tid, beslutade jag mig för att inte ta till juridiska åtgärder eller komma med ursäkter.

Alla mina predikningar spelades in, och de såldes alltid till allmänheten. Allt sedan församlingsstarten har jag alltid undervisat församlingen om att vara vakna i deras kristna liv som de fem visa jungfrurna man kan läsa om i Matteus Evangelium kapitel 25. Här är utdrag från några av predikningarna från början av och ett halvår in i 1992. Dessa är exempel på min undervisning i detta ämne.

"Idag är det en del av er som läser böcker eller som hör från andra människor, och är det någon av er som säger eller tror att Herren kommer tillbaka den 10 eller 28 oktober? Ni ska aldrig säga så! Har ni någonsin hört mig tala om 1992? Det har ni inte. Jag har endast undervisat Guds ord och jag har under tårar och böner lärt er att göra er av med alla synder och leva i ljuset och i rättfärdighet för att bli lik Herren och förbereda er som Herrens underbara brud. Även om Herren kommer tillbaka imorgon, har jag lärt er att vi måste plantera ett äppelträd idag." (Utdrag från söndagsmötet den 19 januari 1992, "Var vakna")

"I Matteus kapitel 24 frågade lärjungarna Herren om Hans återkomst och om tecknen på tidsålderns slut. Jesus undervisade dem om de tecken som skulle finnas när Han skulle återvända. Därför ser vi också tecknen på tidens slut... Vi ser människor som hävdar oktober 1992, andra är bedragna och åter andra säger att de är galna. Vad tror ni? Om ni älskar Gud och känner Hans vilja måste ni se till att ni inte har något med sådana uttalanden att göra. Lyssna inte ens på sådana uttalanden. Vi kan bli frälsta genom tro, inte genom att veta när, vilken dag eller månad, som Herren kommer tillbaka. Jesus är vår Frälsare och Han återlöser oss från våra synder, så att vi kan bli förlåtna för våra synder genom tro, bli Guds barn och få komma till det himmelska riket. Men dessa människor säger att vi bara kan bli frälsta när vi tror och hävdar vilken månad och vilken dag, men vi kan inte bli frälsta om vi gör det. Det är så absurt! Det stämmer inte alls med Bibeln."(Utdrag från söndagsmötet den 31 maj 1992, "Vilka kommer tecknen vara?")

Kapitel 7

Gud Utvidgar Tjänstens Gränser

Dörren till Världsevangelisation Öppnad

På kampanjen World Holy Spirit Evangelization Crusade

I maj 1992 blev jag inbjuden till en årlig bönefrukost där presidenten och nyckelpersoner inom politiken samlas och jag gick dit med vår orkester som heter Nissi Orchestra. Den 14 och 15 augusti samma år, var jag med på kampanjen "1992 World Holy Spirit Explosion Crusade" som hölls på Yoido Square. Titeln för kampanjen var "Världen till den Helige Ande" och det var ett megastort möte där fler än en miljon människor deltog. Vår församling medverkade med en kör som bestod av 200 personer, Nissi Orchestra, och 400 församlingsmedlemmar som tjänade som frivilliga för att hantera trafiken och säkerheten omkring mötesområdet.

På mötet träffade jag Pastor Gwangsam Rah, som var president över "Washington D.C. Holy Spirit Club Helige Andes klubb" och ordinarie ordförande av "the Holy Spirit

Evangelization Crusade." Han och jag hade gått högstadiet tillsammans och han hade sin tjänst i Washington D.C. Jag hade inte sett honom sedan vi tog studenten, och nu träffades vi där som pastorer.

Han frågade mig från vilken församling alla frivilliga kom från och han blev överraskad över att höra att de kom från min församling. Genom hans möte fick min tjänst sin start på den amerikanska kontinenten.

Kampanjen "Washington D.C. Evangelism United Crusade"

Gud öppnade en dörr på vid gavel 1993 för världsmission. Jag fick en inbjudan att tala på kampanjen "Washington D.C. Evangelism United Crusade" mellan den 6 och 8 augusti 1993, som arrangerades av samfundet "Washington D.C. Korean Churches Association". Inbjudningar om att hålla möten i andra länder hade kommit in, men jag hade inte haft möjlighet att gensvara på dem. Men eftersom detta var USA:s huvudstad, kände jag Guds försyn i detta och beslöt mig för att åka.

De som organiserade kampanjen sa att de förberedde mötena för att plantera sann tro i koreanerna som bodde där och ville låta dem få uppleva förvandling i sina liv genom den Helige Andes verk. Mötena hölls i sporthallen på Wheaton High School och sponsrades av 180 kyrkor i hela det nordöstra området av USA., inklusive Washington D.C., New York, och Baltimore. Den Helige Ande var utgjuten över alla tre dagarna.

På den första dagen predikade jag "Budskapet om Korset", på den andra dagen "Köttslig Tro och Andlig Tro", och på den tredje dagen "Välsignelsen av Evigt Liv". Deltagarna längtade efter ordet och tog emot det med att gensvara "Amen".

Uppmanade människor att förbli i ljuset

Efter en vällyckad kampanj i Washington, blev jag inbjuden som talare och hederspresident till "1993 LA Evangelism Crusade" (i Los Angeles). Den arrangerades av "Korean association of Korea town", som firade den 20:e Korea Town Dagen den 19 september samma år. Gud lät mig förbereda mig inför kampanjen med mycket bön. Jag spenderade extra tid i bön för detta möte. Under tre veckor gick jag till ett böneberg och förberedde för det, ropandes ut i bön.

Arrangörerna för LA Evangelism Crusade bad mig ge ett budskap för att trösta koreanerna där, men det gjorde jag inte. Det var inte tröst de behövde. De behövde omvända sig från att inte ha levt ett ordentligt kristet liv, och de behövde helga Sabbaten och leva i ljuset på ett ordentligt sätt.

Den 29 april 1992, samlades en liga med afro-amerikaner i L.A. regionen, och koreanerna som bodde där hade djupa sår och en offermentalitet. Det orsakades till en början av rasismen mellan vita och svarta, men ligan började sedan urskiljningslöst stjäla och sätta eld på de flesta affärerna som ägdes av koreanerna där. Många koreanska familjer drabbades både materiellt och mentalt.

Bibeln undervisar oss att om vi lever av ordet, och om vi förändras och får ett sant hjärta och perfekt tro, kommer vår själ att ha framgång, och allt kommer att gå väl med oss och vi kommer vara friska. Om vi därför praktiserar Guds ord, kan vi bli beskyddade från alla slags olyckor och katastrofer. Jag använde skriftstället i Apostlagärningarna 4:11-12, med budskapets titel:

"Varför är Jesus vår ende Frälsare." Jag predikade "Budskapet om Korset" och försökte plantera tro in i dem. Jag uppmanade dem att bli sanna kristna som lever genom Guds ord över allt annat. Jag blev också inbjuden till en församling i Irvine och levererade ett budskap. Efter alla möten, den 21 september, besökte jag Los Angeles kommunfullmäktige. Fullmäktiges medlemmar pausade mötet under en stund och bad mig att be, så jag bad välsignelser över dem. Den dagen mottog jag hedersmedborgarskap från Los Angeles Kommun och jag hörde att det var första gången de hade gjort något sådant. Jag medverkade i en blomsterparad på flottar som var en av höjdpunkterna under Koreanska Festivaldagen i Los Angeles och jag fick åka på en flotte. Bönen jag bad och att jag åkte på en flotte visades på tv-bolagen KTAN, KATV, KTE och i tidningarna *The Hankook Daily, The Joong-ang Daily*, och det var genom den händelsen jag blev känd i den regionen. Allting skedde på grund av Guds nåd.

Tv-sända predikningar

Från mars 1990 började mina predikningar att sändas på tv genom ett program som heter "Faraway Land, Good News" på tv-bolaget Far Eastern Broadcasting Company. Det sändes över Kina och vissa delar av Ryssland. Sedan dess har jag fått tackbrev från många koreanska kineser och några av dem har besökt vår församling.

I augusti samma år började mina predikningar sändas i området kring Washington D.C. över den koreanska radion. Från december 1992 sändes de på programmet "This Gospel" på tv-bolaget Busan Christian Broadcasting System, i november

1993 på tv-bolaget Iri Christian Broadcasting System, och i början av februari 1994 sände tv-bolaget the Cheongju Christian Broadcasting System mina predikningar varje vecka. Varje år har sändningstiden förlängts för mina predikningar och mer än 900 minuter av predikningar sändes varje vecka. Jag spelade in varje predikan och det var inte ett lätt jobb. Den 20 till 22 maj 1994 predikade jag ett budskap på ett möte för koreaner i Washington D.C. och Baltimore som arrangerades av Washington Christian Radio System (WCRS). Efter detta blev jag tillfrågad av äldstebroder Yeong Ho Kim, VD för WCRS om att bli styrelseordföranden i WCRS och jag accepterade erbjudandet.

Många av WCRS lyssnare gav en väldigt god respons och genom det blev jag välkänd i det området. VD:n, äldstebroder Kim, sände responsen till mig och många människor sa att budskapen var det sanna evangeliet. Han var väldigt glad över att få en sådan god och mycket respons från lyssnarna.

Tro Är en Fast Övertygelse Om Det Man Hoppas På

Bli erkänd som en av de främsta 50 församlingarna i världen

I februari 1991 hade vi en två veckor lång väckelsekampanj, i samband med att vi flyttade in i den nya kyrkbyggnaden i Guro Dong. På sista dagen i kampanjen, på fredagsbönenatten, hade vi nått över 10,000 i registrerade medlemmar. Gud sände oss många människor från olika kulturer, sociala och ekonomiska bakgrunder. Efter sex månader var kyrksalen helt full. På tre år växte församlingen så mycket att vi inte längre fick plats där.

Den 11 februari 1993 rapporterade stora koreanska och kristna nyhetstidningar om de 50 största församlingarna i världen som hade omnämnts i tidningen *Christian World Magazine* i USA och vår församling var en av de 50. Det var lite mer än 20 år efter församlingsstarten och Gud hade redan tillåtit vår församling att växa till att bli en världsvid församling. Det var inte jag utan Gud som gjorde det, och allt jag kunde göra var att tacka och ge äran till Gud Fadern.

Vadhelst vi ber med hopp

Ordspråksboken 29:18 säger, *"Utan uppenbarelsen går folket vilse, lycklig är den som tar vara på Guds undervisning."*

Uppenbarelse är det som Gud låter oss få veta genom sina profeter. Om vi inte har uppenbarelse kommer vi inte att ha något som håller oss tillbaka, vi kommer att ignorera Guds lag och handla efter vår egen vilja, och så gå in på förgörelsens väg.

Medan jag fastade under 40 dagar innan församlingsstarten gav Gud mig många drömmar och visioner. Gud arbetar i oss för att vi i vilja och handling ska behaga Honom. Han gav mig drömmar och ledde mig. Jag bad väldigt mycket när församlingen skulle startas, och Han lät församlingen bli en församling med världsvid mission, och en församling som är högt älskad av Gud.

För att uppnå världsmission fick jag först se till att träna arbetare. Jag fick resa upp många ledare som levde rätt inför Gud, inte bara för att använda dem inrikes utan också sända ut dem som missionärer till andra länder. Det var en böneprocess att resa upp många utmärkta pastorer. När jag var student på det teologiska seminariet hände det ofta att studenterna fick städa toaletter i kyrkan, göra veckobladet och andra svåra uppgifter som pastorer och församlingsmedlemmar behövde hjälp med. Det var inte ofta de fick något tack för vad de gjorde. Om de gjorde något misstag kunde de få en utskällning av pastorerna och i värsta fall kunde de bli utkastade ur kyrkan. Det gjorde ont i mig att se studenterna i dessa situationer. Efter att jag hade startat församlingen såg jag till att stötta studenter från vår församling med skolavgift och boendekostnader. Jag ville stödja dem så att deras hjärtan inte skulle bli tagna av världen utan att de skulle växa upp som kraftfulla tjänare. Gud rörde vid mitt hjärta att resa upp många pastorer. Men eftersom församlingens ekonomi inte var så god var det inte så lätt för oss att göra detta. Ibland hände det att medlemmarna som hade ansvaret för församlingens ekonomi klagade. Jag övertygade dem och försökte få dem att förstå och arbeta i frid.

För att uppnå världsmission behövde jag också bra lovsångsteam och jag bad med en dröm om att få det. När jag fastade under 40 dagar såg jag en vision med några lovsångsteam som ledde lovsången i varje möte. Varje gång bad jag, "Gud, ge mig utmärkta lovsångsteam när jag startar församlingen." Jag såg det i tro. Senare bad jag inte bara om lovsångsteam utan också om en orkester som skulle ge äran till Gud. 1 Krönikeboken 23:5 säger, *"4.000 skall vara dörrvaktare, och 4.000 skall lovsjunga HERREN till de instrument som jag låtit göra för lovsången."*
Vi kan se att där fanns fyra tusen människor som spelade instrument i Guds Tempel. Psaltaren 150 säger till oss att prisa Herren med trumpet, luta, harpa, strängaspel och flöjter, med ljudande cymbaler och klingande cymbaler!

Jag väntade i bön under många år för Guds ledning när det gällde en orkester. Gud kallade professionella musiker som kunde spela på olika instrument. Gud lät dem växa upp i livets ord och rörde vid deras hjärtan och gav dem en dröm. Vanligtvis har musiker sin egen speciella karaktär och det kan ibland vara svårt för dem att ge upp sig själva och sin kunskap för att tjäna Gud och ge Honom äran. Ändå fanns det många professionella musiker som bara ville ge Gud äran och tacka Honom för Hans nåd, och de formade en orkester. Den heter Nissi Orchestra. Vi hade ett möte den 1 mars 1992 då vi invigde orkestern och sedan dess har de varit mycket aktiva i kyrkosammanhang. De spelade på Jubileumskampanjen på Yoido Square, och de har hållit konserter i andra kyrkor, och välgörenhetskonserter i och utanför Korea.

Gud gav oss också underbara körer. Nu har vi mer än 20 lovsångsteam och de ger äran till Gud med deras lovsånger inte bara i Korea utan även i många andra länder.

Prisa Honom med tamburin och danser

Drömmen om att uppnå världsmission förde inte bara fram insättande av lovsångsteam utan också dansteam. Jag mediterade på Bibeln och funderade på vilken slags attityd som behagar vår Fader när vi prisar Honom. Jag hittade svaret i det som David skrev. David dansade med stor glädje när Herrens Ark återvände till honom (2 Samuelsboken 6:12-23). Men hans hustru Mikal föraktade honom i sitt hjärta och kritiserade honom. Då sa David, *"Det var inför HERREN, han som har utvalt mig framför din far och hela hans hus och som har insatt mig till furste över HERRENS folk Israel, ja, inför HERREN dansade och gladde jag mig"* (2 Samuelsboken 6.21). Mikal, som hade föraktat kung David i det att han dansade inför Gud, förbannades och blev ofruktsam. Det är tydligt för oss att vi måste lyda Guds ord och behaga Honom hellre än att vi är rädda för vad andra människor ska säga.

De dansar trolldomsdans!

I mars 1986 grundades dansgruppen "The Holy Dance

Team" för att ge ära till Gud med vackra och inspirerade danser till lovsånger. Det gör att de som ser danserna får hopp om himlen. Namnet 'The Holy Dance Team' ändrades senare till "Arts Mission Team."

Idag är dans i den kristna kulturen väldigt vanlig mycket på grund av medias utveckling, men det var väldigt sällsynt på den tiden. Vår församling etablerade grupperna 'Praise Committee' och 'Performing Arts Mission Committee.'

De organiserar olika tillställningar och tränar professionella sångare, dansare och dramautövare. Men i det att vår församling växte så fort blev några avundsjuka och började sprida falska rykten och lögner. På det sättet startades ryktet "De dansar trolldomsdans på varje gudstjänst!" Flera gånger varje år hade vi speciella dansuppträdanden för speciella tillfällen eller bibliska fester, och teamen uppträdde inför de församlade. Men falska rykten spred sig att vi hade blivit snärjda av onda andar och dansade i varje möte.

Trots dessa falska rykten blev "The Holy Dance Team" inbjuden till 1991 års kampanj i Sovjetunionen "Hallelujah Soviet Union Crusade" av Pastor Hyeon Gyoon Shin. Det var deras första internationella uppträdande som de gjorde för att ge äran till Gud genom sina danser. Sedan dess har de fått kärlek och favör från många människor med sina uppträdanden i Korea och andra länder. De tjänar fortfarande Gud och ger Honom äran på detta sättet.

Känna igen deras gåvor

För närvarande finns det många grupper som uppträder i församlingen. De har utvecklat sina gåvor i Gud och är aktiva i tjänsten. Den 1 juni 1991 deltog ett av församlingens team i en musiktävling, "10th National Gospel Music Competition", som arrangerades av tv-bolaget the Far Eastern Broadcasting Company, och vårt team vann tävlingen. Gruppen "Sound of Light Chorus" bestod av tre medlemmar på den tiden och en av dem var min tredje och yngsta dotter, Soojin. Gud hade redan kallat henne att tjäna Honom när hon var ett litet barn, och hon avslutade sin teologiutbildning och tjänar nu i församlingen som pastor.

Den 17 april 1993 hölls en kristen musikkonsert i Hwaetbool (Fackla) Hall, och vår orkester Nissi Orchestra var inbjuden att spela där. Samma år blev orkestern inbjuden tillsammans med "Art Mission Team" och andra lovsångsteam. De uppträdde på en speciell lovsångskväll som hette "Special Worship Service for the Evangelization of the Prosecutors," som hölls i en konferenssal i Åklagarämbetets kontorslokaler. Den 6 november 1993 deltog en sånggrupp från vår församling vid namn "Crystal Singers" i en musiktävling "4th National Gospel Music Competition" som arrangerades av tv-bolaget "the Christian Broadcasting System", och de vann tävlingen.

Samarbete Med Ministries of Church Associations

Övergången och växten under åren 1993-94

Eftersom våra församlingsmedlemmar deltog i och ställde upp som frivilliga på många kristna evenemang, ville många olika organisationer ge mig höga positioner. Men jag ville inte acceptera dessa positioner eftersom det fanns många andra pastorer som var äldre än mig och också för att jag ville hjälpa i det tysta. Jag vägrade många gånger, men eftersom jag också förstod att de kanske skulle känna sig förolämpade av att jag tackade nej så många gånger bad jag dem ge mig positionen under den som de hade erbjudit mig och då accepterade jag deras förfrågan. Om en stol hade reserverats för mig under ett evenemang satt jag där, men om det inte fanns någon reserverad stol satte jag mig alltid längst ut på raden. Jag kände mig alltför generad för att sitta i mitten när det fanns många andra pastorer som var äldre än mig. Jag kände mig mest komfortabel längst

Vid kampanjen "World Holy Spirit Explosion Crusade" år 1992

Vid kampanjen "Daegu Evangelization United Crusade"

Kampanjen "Prosecutors' Evangelization Crusade" för åklagare

Konsert vid "Prisoners' Edification and Evangelization Service" för fångar

Predikade vid fastebönemötet "Fasting Prayer Meeting for the Nation and its People"

Kampanjen "Hallelujah Seoul United Crusade" (i Manmin Centralkyrkan)

År 1995 kampanjen "Jubilee Crusade for the Reunification of South and North Korea" (i Yoido)

ut på raden. Till och med nu fokuserar jag mer på Guds ord och bönerna än att vara med på alla slags aktiviteter utanför församlingen. Det är ofta som mina assisterande pastorer eller äldstebröder i församlingen får delta i evenemangen i mitt ställe. Eftersom jag inte vill delta i sällskapslivet alltför mycket, eller gå på så många möten, och har relativt lite gemenskap med andra pastorer, kan det verka som för människor som inte känner mig väl att jag är en arrogant man. Men närhelst en förfrågan om att delta i något kyrkligt arrangemang kom försökte jag göra mitt bästa för att hjälpa till så arrangemanget blev en framgång.

Den 21 juni 1993 höll jag i en speciell bön för en kampanj som hette "Whole Country Cycling Campaign and Imjingak Great Crusade for Nation's Re-unification." Nissi Orchestra, vår kör och frivilliga deltog också. Från den 18 till 21 oktober samma år hölls en kampanj i vår kyrka, "Seoul Area Evangelization Crusade", för att förbereda ovan nämnda kampanj. Fyra mycket kända pastorer i Korea var talare och de betonade att vi förenar ett splittrat land med evangeliet. Den 24 november det året blev jag inbjuden som talare på ett bönemöte för nationens förenande, "Prayer Meeting for Nation's Re-Unification" som hölls på böneberget Haneolsan. Jag predikade budskapet och bad för deltagarna och många helandeunder skedde.

Jag var också intresserad av uppbyggelsemission för dem i fängelse och de som just hade blivit frisläppta. Den 28 februari 1994 hölls den andra kampanjen med detta syfte som hette "Ministry of Justice National Edification Committee Korean Christian Crusade" och det hölls i presbyterianernas kyrka Myung Sung Presbyterian Church, och arrangerades av the National Edification Committee Christian Association, med titeln, "Ord, Kärlek och Uppbyggelse." Jag var en av presidenterna för organisationen och min uppgift var att läsa bibelverserna. Vår församlings lovsångsteam, Nissi Orchestra, och dansteamen uppträdde på kampanjen till Guds ära. Den 24 mars samma år hölls en högtidsfirande av den kristna tv-stationen Christian Broadcasting System's (CBS) som fyllde 40 år. Körfestivalen "Mission Choir Festival" hölls i den stora salen i Sejong Center. Vår kyrkokör och Nissi Orchestra uppträdde på denna festival. Den 20 juni, 1994 hölls en kampanj för att återförena nationen "Imjingak Great Crusade for Nation's Re-Unification" och arrangerades av World Evangelization Central Council, vars president på den tiden var Hyeon Gyoon Shin, och jag bad inledningsbönen där.

Presidenten pastor Hyeon Gyoon Shin predikade ett budskap med titeln "Vägen för nationens återförenande genom evangeliet", och uppmanade alla församlingar att förenas oavsett vilket samfund de tillhörde. Hundratals av våra medlemmar arbetade som frivilliga i kören, orkestern, som mötesvärdar, och med att hantera trafiken. Mellan den 20 till 22 juni hölls en kampanj för återförenande "World Evangelization Central Council's Seoul Area Great Crusade for Nation's Re-Unification" i vår kyrka, med pastor Homun Lee som talare

Den 14 juni hölls en kampanj "1994 Seoul Holy Spirit Great Crusade" med Pastor Jongjin Pee som talare i Olympics Sporthall. Reinhard Bonnke predikade budskapet och jag uttalade den prästerliga välsignelsen. Den 5 september samma år deltog jag i en kampanj för kristna kvinnliga ledare, "Christian Women Leaders' Crusade" som hölls i Olympics Sporthall och som arrangerades av Nation's Re-Unification Jubilee Crusade Committee, och deltog i att skapa historia för organisationen.

Ett besök till presidentpalatset Cheong Wa Dae och jubileumskampanj

Den 29 juli, 1995 bad jag som president av organisationen Nation's Re-Unification & Evangelization Movement Association, en speciell bön under ett bön- och fastemöte "Fasting Prayer Meeting for the Nation and Peoples." Den 12 augusti 1995 blev tio pastorer, som var ledare i en organisation som högtidlighöll Koreas 50-åriga självständighetsdag, "Peaceful Re-Unification Jubilee Crusade' commemorating the 50th anniversary of Korea' Independence Day", inbjudna till presidentpalatset Cheong Wa Dae. Jag fick veta att vi skulle få möjlighet att tala med presidenten under en timme och komma med förslag. Dagen innan vi skulle dit bad jag till Gud och frågade Honom vad jag skulle säga till presidenten nästa dag. Men det kom inget svar. Jag bad för mötet, men tog inte emot några ord från den Helige Ande. Det var underligt att den Helige Andes röst inte gavs.

Den 12 augusti, klockan 11.00, hölls mötet i Cheong Wa Dae, och jag förstod varför det inte hade kommit något svar på min bön inför detta möte. Vi hade mötet med president Youngsam Kim, men vi gavs ingen möjlighet att tala eller komma med förslag. Presidenten talade hela tiden tills mötet var över. Vi avslutade med bön och gick därifrån.

Vi åkte till Yoido Square där kampanjen för ett fridfullt återförenande "Peaceful Re-Unification Jubilee Crusade" startade klockan 14.00. Jag kunde se våra församlingsmedlemmar som var aktiva i frivilligarbetet med att hantera trafiken, parkeringen, vara mötesvärdar och de som spelade i Nissi Orchestra.

Vad Är Hemligheten Bakom Församlingstillväxt?

Pastor Hyeon Gyoon Shins hopp och vision

Jag blev inbjuden att predika på ett träningscenter 'Revivalist Training Center' den 5 december, 1994, genom organisationen National Evangelization Movement Association och den 8 december hölls den 4 500:e speciella tv-programmet "Förnya oss" i vår kyrka, för att högtidlighålla CBS's 40-åriga jubileum. Jag predikade ett budskap med titeln "Sann röst", där jag uppmanade tv-stationen att uppfylla sin plikt som profetisk röst för att uppnå rättvisa och frid genom de budskap som sänds. Pastor Hyeon Gyoon Shin älskade vår församling. Han har nu somnat in i Herren, men man kallade Pastor Hyeon Gyoon Shin för fader till Koreas väckelsetroende och han var mycket känd i den koreanska kristenheten i mer än 40 år. Han älskade mig och vår församling väldigt mycket. Han gav hopp och visioner till de koreanska församlingarna genom sina budskap då han betonade den Helige Ande och Koreas återförenande, och detta med en stor portion humor. Han älskades av många, oavsett vilket samfund man tillhörde. Eftersom han visste att jag hade blivit offer för ett samfunds missbruk av sin auktoritet, besökte han vår församling på årsdagen i oktober 1992, och uttalade välsignelsen. Efter det brukade han komma på olika evenemang och möten och uppmuntrade oss alltid med kraftfulla budskap.

Vad är hemligheten bakom församlingstillväxt?

Många pastorer, inte bara från Korea utan från många andra länder också, är väldigt imponerade och berörda över de klara och vänliga uttrycken från våra församlingsmedlemmar, och de brukar ofta fråga mig om hemligheten bakom församlingstillväxten. Jag fick ofta frågan, "Pastor, jag ser inte att ni har någon speciell organisation eller träning i er församling, så vad är hemligheten till er församlingstillväxt? Hur kommer det sig att medlemmarna utför så mycket frivilligarbete på ett sådant underbart sätt?" Jag undervisade egentligen inget om detta. Allt utfördes av medlemmarna själva, genom Guds nåd.

Det kan finnas olika åsikter när det gäller församlingstillväxt. Somliga pastorer säger, "Gud ger oss bara så och så många medlemmar", eller "Denna storlek räcker för min kyrka." Bibeln säger att i den tidiga församlingen, den som Gud verkligen hade behag till, utökades antalet varje dag med nya människor som blev frälsta. Eftersom det är Guds vilja för alla att ta emot frälsningen (1 Timoteusbrevet 2:4), blev det så att den tidiga församlingen som handlade efter Guds vilja utökades i antal varje dag (Apostlagärningarna 2:47). Om jag hörde om en församling som växte, gladde det mitt hjärta. Eftersom varje församling etableras genom Herrens blod, bad jag för den församlingen och för dess pastor.

Den 23 februari, 1995 hölls den 149:e nationella pastorskonferensen i vår kyrka, arrangerat av en bönegemenskap av koreanska pastorer "Korean Pastors' Prayer Fellowship." Ungefär 1,000 pastorer medverkade. Jag predikade om hemligheten bakom församlingstillväxt. Under en pastorskonferens 1996 på Hawaii och på en pastorskonferens i Argentina, predikade jag om de viktigaste faktorerna för församlingstillväxt.

För det första, pastorn och församlingen behöver ta emot kärlek från Gud

Ordspråksboken 8:17 säger, *"Jag älskar dem som älskar mig, och de som söker mig, de finner mig"*. Att älska Gud är som 1 Johannes brev 5:3 säger *"att vi håller hans bud"*. Jesus sa också, *"Den som har mina bud och håller fast vid dem, han är den som älskar mig. Den som älskar mig skall bli älskad av min Fader, och jag skall älska honom och uppenbara mig för honom"* (Johannes 14:21).

För det andra, vi måste be

För att ha en framgångsrik tjänst, måste vi dra ner Guds kraft genom bön. Trons fäder som uppfyllde Guds vilja, var alla bönekrigare. Apostlarna i den tidiga församlingen sa, *"Själva skall vi ägna oss åt bönen och åt ordets tjänst"* (Apostlagärningarna 6:4). De överlämnade allt det administrativa församlingsarbetet till diakonerna, och själva kunde de med all kraft ägna sig helt åt Guds ord och bönerna. När vi ber, måste vi ropa ut med all vår styrka och vilja (Jeremia 33:3). I 1 Mosebok 3:17 sa Gud till Adam som hade syndat, *"Med möda skall du livnära dig av den så länge du lever."* Precis som människor svettas och arbetar hårt för att kunna skörda det som de har sått, är det likadant i anden. Vi kan bara ta emot svar när vi har bett med hela vårt hjärta och i vårt anletes svett. Idag kommer tusentals av våra församlingsmedlemmar till kyrkan för att be varje natt. Detsamma sker i lokala kyrkor, församlingsutposter, och individuella hem över hela världen.

För det tredje, måste vi ha andlig tro.

Den tro vi talar om är tron som är given från ovan med vilken vi verkligen kan tro av hjärtat. Det är tron som skapar ur ingenting, och tron som säger att ingenting är omöjligt. Vi kan inte ha den slags tron bara genom att känna till vad som står i Bibeln eller bara genom att ha varit kristna under en väldigt lång tid. Det kan bara ges från Gud i höjden till de som verkligen praktiserar Guds ord. Bibeln säger att tro utan gärningar är död. Bara när vi ber med denna slags andliga tro kan vi ta emot bönesvar som det står om i Matteus 21:22, *"Allt vad ni ber om i er bön skall ni få, när ni tror."* Då kommer vi också att ta emot svaret till hemligheten bakom församlingstillväxt.

För det fjärde, vi måste höra rösten av och ta emot den Helige Andes ledning.

Den Helige Ande bor i Guds barns hjärtan, hos dem som tagit emot frälsningen, och den Helige Ande leder oss in i

Guds vilja. Om vi hör rösten och tar emot den Helige Andes ledning klart och tydligt kommer vi kunna se en tydlig väg för församlingstillväxt. För att kunna höra den Helige Andes röst är det väldigt viktigt att pastorn själv kämpar emot synden ända till blods och gör sig av med all ond natur i sitt hjärta. Det är på detta sätt som han bryter ner alla köttsliga tankar och de mentala ramarna som är hinder och fientliga mot Gud. Även då Guds ord inte håller med om var vi tänker eller tror, måste vi kunna lyda Guds ord.

För det femte, vi måste följa de tidiga församlingarnas exempel.

I Apostlagärningarna ser vi att de tidiga församlingarna vittnade om budskapet om korset. De praktiserade ordet och många tecken och under manifesterades. Eftersom många kraftgärningar från Gud skedde genom apostlarna kom många människor till tro i det att de såg miraklerna, och församlingen mognade väldigt fort.

Inrikes och Utrikes Mission i Full Skala

Påbörjandet av mission i Afrika

I januari 1994, besökte Pastor Charles Macom från Tanzania Pingstförsamling vår församling. Han blev berörd av budskapet och när han åkte tillbaka till sitt hemland berättade han om mig. Mellan den 4 till den 6 juli, 1994 talade jag på en konferens för kristna ledare i landets huvudstad Dar Es Salaam, som arrangerades av Pingströrelsen i Tanzania. Mitt hjärta brast då jag såg så många människor i Afrika som led under fattigdom och olika slags sjukdomar som AIDS, eftersom jag vet att vem som helst kan bli fri från all slags sjukdom och leva ett liv i hälsa både andligt och fysiskt om personen lever i Guds ord.

Under den här konferensen visade Gud oss många under. När vårt team anlände till Tanzania sa de lokala pastorerna, "Pastor, det är väldigt underligt. Det regnar inte just nu, men det har regnat just innan du kom, och nu är vädret så klart, och inte det minsta dammigt. Vi kan se att Gud kontrollerar vädret också." Från den dag då vårt team anlände tills vi lämnade landet sände Gud moln under heta och soliga dagar som var över oss varhelst vi åkte, och på natten regnade det så vi kunde få ett mycket behagligt väder. För att församlingsledarna skulle få sann tro, predikade jag "Budskapet om Korset." De förstod Guds ord och kände livet i det och gensvarade med sin unika melodi, applåder och danser. Jag kunde se deras barnsliga och oskyldiga inställning. Många av dem bekände att deras tro hade förnyats och de återfick tro och säkerhet att kunna arbeta som pastorer.

Efter konferensen besökte vi en stam, Masaier, i Tanzania. Hövdingen och många människor i stammen välkomnade oss. De brukar servera blod från en ko när de får väldigt speciella gäster. Men eftersom de visste att det var förbjudet av Gud att dricka blod, och vi inte kunde dricka det, gav de oss Cola istället.

För att plantera tro i dem gav jag dem mitt eget vittnesbörd om hur jag mötte Gud. Det blev översatt till engelska, swahili och Masaispråket. Rev. Dr. Myongho Cheong var den som översatte till engelska. Innan han gick in i tjänst för Gud var han en engelsk litteraturprofessor vid Hoseo University. Senare

I Masajstammes

ville han missionera i Afrika och etablerade ett missionscenter i Nairobi, Kenya. Idag predikar Rev. Dr. Myongho Cheong genom "2Five-fold Holiness Gospel" till 54 afrikanska länder för att väcka upp den afrikanska själen.

Japan, ett fruktlöst land för evangeliet

Ungefär vid samma tidpunkt började en dörr för evangeliet in i Japan att öppnas. Från den 5 till 8 november hölls en väckelsekampanj "Goshien Revival Mission Rally" på Goshien baseball stadium, som var den största stadium i Japan, och vår församlings "Art Mission Team" uppträdde så charmerande för att beröra de koreanska japanerna som deltog. "Art Mission Team" hade tidigare inbjudits av pastor Hyeon Gyoon Shin för att uppträda på en kampanj som hette "China Crusade & Baekdu Mountain Re-Unification Prayer Meeting" i juli samma år.

I juli, 1994 sändes pastor Seung Gil Ryu till Japan som missionär, och det var starten på vår mission i Japan. Mellan 22 och 23 november, 1994 arrangerade vi en kampanj i Ganae Cultural Center Ida, Japan, med ungefär 1,000 deltagare, med titeln "Utgjutande av den Helige Andes eld." Det hölls i Ida Church (Pastor där är Yoshikawa Noboru) och den stöddes av flera församlingar i Ida. Jag predikade ett budskap med titeln "Historiens bevis på uppståndelsen", och uppmanade deltagarna att vara förvissade om att Jesus har uppstått och att leva kristna liv med ett hopp om återuppståndelse. På den andra dagen predikade jag om hur man möter den levande Guden. Efter budskapet bad jag för sjuka och många tecken skedde genom den Helige Andes väldiga kraft. Jag kunde endast ge tack till Gud. Pastor Yoshikawa Noboru, som var ansvarig för kampanjen sa, "Många japanska troende blev berörda av de djupa andliga budskapen från Rev. Dr. Jaerock Lee, och det är väldigt ovanligt i Japan. Många japanska troende tror att helandegärningar bara skedde på Jesu tid. När man lyssnade på Rev. Dr. Jaerock Lees budskap som innehöll gudomlig auktoritet, blev många botade och de kom för att möta Gud."

Jag kommer ihåg en sjuk person som blev botad under denna kampanj. Hans namn är Yoshizawa Motohisa. Han hade genomgått en ryggoperation då han arbetade som ingenjör. Men på grund av komplikationer efter operationen hade han svårt att gå och han kom till kampanjen med stor smärta. På första dagen fick han en del tro efter att ha lyssnat på budskapet. Följande dag kom han till mitt hotell för att ta emot förbön. Jag bad uppriktigt för honom och när han gick efter att ha tagit emot förbön, var hans smärta fullständigt borta och hans krokiga rygg hade rätats ut.

Par med infertilitet tar emot bönesvar

I februari 1991 hade vi ett högtidsfirande för att ha flyttat in i en ny kyrkbyggnad. Titeln var "Det står väl till med din själ." Jag predikade 15 budskap under två veckor och ledde också speciella möten för sjuka människor.

Vi började ha speciella väckelsemöten som pågick i två veckor från 1993. Den första tvåveckorsperioden med möten hölls i maj, med titeln *"Synd, Rättfärdighet, och Dom"* (Johannes 16:8). Genom att lyssna på budskapen två gånger per dag, på morgonen och på kvällen, om vad synd, rättfärdighet och döm är, förstod deltagarna vilka murar av synd de hade mellan sig och Gud. De rannsakade sig själva och omvände sig med tårarna strömmande nerför deras kinder. De rev ner murarna mellan sig själva och Gud och upplevde överflödande helandeverk.

De visste inte ens vad tro var, men när de lyssnade på varje budskap, fick de uppleva den Helige Ande, de förstod ordet och bad, och försökte leva efter Guds ord. Många människor deltog från andra församlingar över hela landet, oavsett vilket samfund man tillhörde. De troende som tog emot nåd och blev botade under väckelsen blev fyllda av den Helige Ande och tjänade ännu mer uppriktigt i sina respektive församlingar. Människor blev botade från livmodercancer och magsäckscancer genom den Helige Andes eld. Många vittnesbörd kom in från dem som hade tagit emot sin hörsel igen, och de kastade bort sina hörapparater. Även de som fick tillbaka sin syn vittnade och kastade bort sina glasögon, och de som hade varit infertila vittnade om att de hade blivit gravida.

Det fanns framför allt många gifta par som inte hade kunnat få barn trots att de hade försökt i mer än fem år, och många av dem tog emot välsignelsen av att bli gravida. Eftersom många infertila par ville ha förbön hände det på ett kvällsmöte den 5 maj 1993, att jag bad för de sjuka och sa, "Ni som är infertila, ta emot välsignelse av att bli gravida." Efter att väckelsemötena var över hörde jag följande år om många par som hade fött barn. Just nu finns det många barn som föddes på den tiden som samma år gick ur Manmin Förskolan.

Var tvungen att leva ett fysiskt utmanande liv, men...

Vi hade den andra tvåveckorsperioden med väckelsemöten i maj 1994, med titeln *"Jag ska göra"* (Johannes 14:13). Starka verk från den Helige Ande skedde även under dessa möten. Många mötesdeltagare i väckelsemötena mottog gudomligt helande. Jag skulle vilja berätta om Heejin Park, som låg på sjukhuset på den tiden efter en stor trafikolycka.

Heejin Park var på väg hem från arbetet den 27 maj 1993 när hon blev inblandad i en seriekrock med fyra fordon. Hon föll i koma och togs till sjukhuset. Hennes käke hade spruckit och hennes hakben hade gått av. Hon hade inre skador och hade praktiskt taget sår över hela sin kropp. Hennes lårben hade hamnat ur led, och hennes bäcken och höftleder hade krossats och svullnat upp. Det högra benet hade också en känslonedsättning och hon kunde inte röra sina tår eller fotleder. På grund av att en nerv på baksidan av benet hade blivit förlamad blev ett av hennes ben fem centimeter kortare än det andra. Läkarna sa att det skulle vara ett men för hennes liv.

Den 10 maj 1994, var det precis att Heejin Park fick tillstånd att lämna sjukhuset för att vara med på tvåveckorsmötesserien. Hon kom på kryckor men när jag bad för hela församlingen från altaret började helandeverket att ske i hennes liv. Hennes krokiga ben rätades ut. Hon hade inte kunnat gäspa eller öppna sin mun, men hon hade inte känt smärta där. När jag personligen bad för henne, kände hon den Helige Andes eld och hon började gå själv, utan kryckorna. Församlingsmedlemmarna som såg miraklet blev så upprymda och gav ära till Gud med höga applåder. Efter två veckor gick hon på återbesök hos läkaren på Hanyang Universitetssjukhus. Hennes högra ben hade vuxit ut med fem centimeter och nu var båda benen lika långa igen.

En gång fick en baby, som inte verkade ha någon chans att överleva, på ett mirakulöst sätt tillbaka sitt liv. Diakonissa Soonim Kim födde ett barn för tidigt, och barnet vägde bara 1, 2 kg. Babyn lades i kuvös, men några vener i hjärnan hade brustit så hon hade cerebrala blödningar och förlorade sin syn. Läkarna

Joanna Park var dömd till att leva med handikapp för resten av sitt liv
Joanna Park blev fullständigt helad och går på ett helande mote med Rev. Jaerock Lee
Joanna Park tjänar nu som missionär, fullständigt återställd

sa att det inte gick att göra något åt blödningen i hjärnan. Hon skulle förlora sin syn fullständigt om hon inte opererades för det, men trots en lyckad operation skulle hon bara ha en tredjedels syn.

Den 7 maj 1994 bad läkarna föräldrarna att ta med sig babyn hem, eftersom de inte kunde göra något mer. Lyckligtvis pågick väckelsemötena just då. Diakonissa Soonim Kim tog med sig babyn till kyrkan. Babyns tillstånd var väldigt allvarligt. Efter alla mediciner och injektioner vägde hon inte ens ett kilo längre. Det verkade som om allt hopp om att hon skulle leva var ute. Pappan hade redan gett upp hoppet.

Den 8 maj började Gud göra sitt verk när jag allvarligt bad för babyn. Pupillerna som hade varit oklara, började återfå sin svarta färg och hon fick tillbaka en normal syn. Hon fick till och med styrka att börja suga från nappflaskan. Hon började äta mer och mer och hon växte upp utan problem. Hennes namn är Hanna, och just nu är hon elev på grundskolan och växer upp på ett underbart sätt i Herren.

En person med stroke

1995 hölls det tredje tvåveckorsperioden med väckelsemöten med titeln *"Den rättfärdige skall leva av tro."* På den sista dagen i mötesserien, under bönetiden för de sjuka, skedde någonting i kyrksalens entré. Någon bars in på en bår. Det verkade som om han hade förts dit av en ambulans. Han var i ett väldigt kritiskt tillstånd. Senare förstod jag att det var äldstebroder Moonki Kim, som hade drabbats av ett slaganfall. Ett blodkärl hade brustit i hjärnan och orsakat en hjärnblödning.

Hans fru var pastor. Hon var pastor i en nystartad församling och hon brukade då och då komma till vår kyrka för att lyssna på Guds ord. När denna man togs till sjukhuset sa läkarna att han hade en väldigt liten chans att överleva. Så eftersom pastorn visste att väckelsemötena pågick i vår församling, tog hon med sig sin man till kyrkan i en ambulans för att ta emot helande genom tro.

Jag bad för den sjuke mannen som inte var vid medvetande och så snart bönen var färdig satte han sig upp. Det var som på

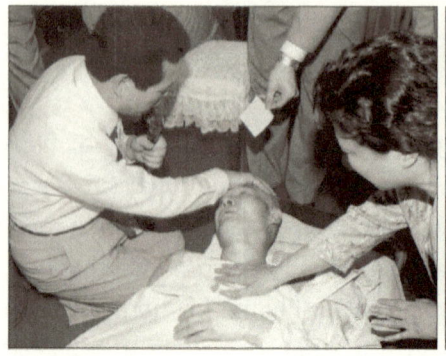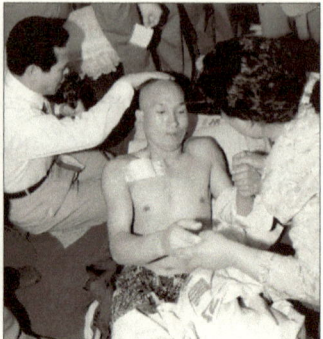

En patient med stroke reste sig upp efter förbön

film. Alla som såg det började applådera och ge äran till Gud.

Tog emot helande just innan händerna skulle amputeras

På det här mötet var också diakonissa Sang-yi Lee som hade drabbats av kallbrand i åtta fingrar, men hon mottog helande och återfick normal blodcirkulation i fingrarna efter förbön. Det var på vintern 1985 som hon hade fått köldskador. Hon fick många slags behandlingar inklusive akupunktur, men inget fungerade. Hon hade även reumatism över hela sin kropp. När hon var i Seoul 1990 leddes hon till att gå till vår kyrka och under en tid deltog hon i mötena, men sedan åkte hon tillbaka till sin hemstad. Efter att hon hade åkt tillbaka höll hon sig borta från Gud och blev slö i sin trosliv.

1993 började hennes kropp krympa och hennes nacke blev stel. Hon fick diagnosen reumatisk artrit över hela sin kropp och så fort symtomen började på ett område blev det

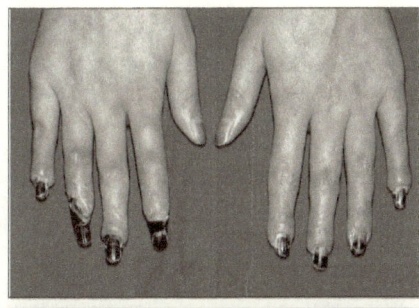

Sang-yi Lee blev helad i hennes avtynande och ruttnande fingrar

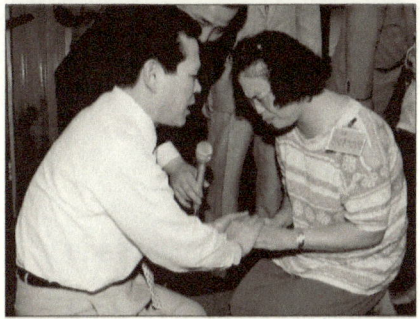

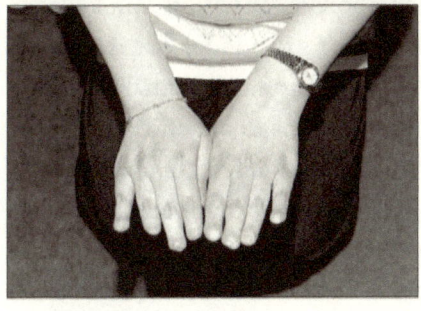

genast försämrat. Hon lades in på Korea Universitetssjukhus i Guro men två månader senare började kallbrand att sprida sig i åtta av hennes fingrar, men inte till tummarna. Hennes händer blev svarta upp till handlederna. Inte bara naglarna utan också hennes fingerben höll på att ruttna. Läkaren sa att hennes händer var tvungna att amputeras vid handlederna för att hindra att kallbranden spred sig upp på armarna, och datumen för operationen bestämdes. På grund av smärtan var diakonissa Sang-yi Lee tvungen att ta stora mängder smärtstillande. I maj 1994, bara en dag före operationen, kom hon till ett möte under tvåveckorsperioden med väckelsemöten. Till slut tog hon emot förbön från mig och hon medgav att i den stunden kände hon en hetta i sina händer och den outhärdliga smärtan var borta. Sedan dess blev hennes situation mycket bättre och läkaren sa att hon inte längre behövde operation och hon kunde skrivas ut och åka hem.

Kallbranden avtog och de förruttnade delarna, som var som barken på ett gammalt träd, föll av och nytt kött började växa. Till och med naglarna blev återställda. I maj följande år kom hon på samma sorts väckelsemöten igen och mottog förbön än en gång från mig. Efter förbönen, kände hon sig så lätt i hela kroppen och smärtan som orsakats av reumatisk artrit var borta. Hon var ren och hel, inte bara hennes fingrar som höll på att ruttna bort, utan hela hennes kropp var fri från sjukdom och smärta.

Blev beskyddad då varuhuset Sampoong kollapsade

I vår församling hade vi en missionsorganisation som kallades "Ljus och Salt Missionen", och den grundades för dem som arbetar i restauranger och med distribution. Allt sedan dess start i oktober 1985 har gruppen haft gudstjänster och möten på olika ställen. De arbetar med att sprida evangeliet bland dem som arbetar med distribution och i restaurantverksamheter. Eftersom medlemmarna i "Ljus och Salt Missionen" arbetar på söndagar kom de på gudstjänster efter att de hade slutat för dagen klockan 21.00 och 23.00 på söndagar.

Den 29 juni 1995, omkring klockan 18.00, skedde en stor katastrof. Varuhuset Sampoong kollapsade. Ungefär tio av våra församlingsmedlemmar arbetade där och Gud hjälpte dem på olika sätt att undkomma katastrofen. I denna fruktansvärda situation fick vi erfara ett mirakel i det att de alla räddades undan.

Syster Jinsook Hong, som arbetade på varuhuset Sampoong,

Varuhuset "Sampoong Department Store" kollapsade

blev fast på den tredje våningen under jorden tillsammans med sina kollegor för att betongpelare hindrade deras väg. De blev mirakulöst räddade. Hon arbetade i de anställdas restaurang tre våningar under jorden. När hennes arbetstid var slut gick hon till apoteket för att vila en stund. Byggnaden kollapsade medan hon var där och hon fastnade där nere tillsammans med sjuksköterskan på apoteket. När byggnaden rasade skadades sjuksköterskan i huvudet och hon bröt foten. Men eftersom de inte kunde se något i det fullständiga mörkret kunde de inte ens se sig om efter en tänkbar väg ut. Ibland kunde de höra människor längre bort som ropade på hjälp.

Sjuksköterskan ropade ut, "Jinsook, jag blöder från mitt huvud. När du predikade evangeliet för mig tyckte jag inte om det och jag har försökt att undvika dig. Jag är så ledsen för det. Gud! Förlåt mig, jag vill tro på Dig nu!" Syster Jinsook Hong höll hennes händer och bad för henne och tröstade henne med Guds ord. Den pulveriserade betongen i luften började bränna i halsen. Syster Hong bad, "Gud, sänd oss räddningsmanskap, inte bara för mig, utan för alla dessa människor. Låt inte denna byggnad rasa mer, och ge oss frisk luft också."

Gud svarade på denna bön. Tre timmar efter att de hade blivit instängda, runt klockan 21 kunde de se en ficklampa och de hörde någon som sa, "Är det någon där?" De ropade, "Här!" och två räddningsmän kom då de hade hört deras röster. Apoteket låg nära en nödutgång och lyckligtvis hade nödutgångarna och trapphusen inte kollapsat. När räddningsmanskapet kom nerför trappan hörde de bön och lovsång. Sjuksköterskan kördes till sjukhus med ambulans, men syster Jinsook Hong var inte alls skadad. Detta rapporterades i de stora dagstidningarna följande dag och det stod att räddningsmanskapet hade hört människor som sjöng och på så sätt hittat dem.

Vem kan sjunga i en akut och livshotande situation? Ljudet som hördes var ljudet från böner och lovsång till Gud, och Gud rörde vid räddningsmanskapets hjärtan att gå dit där Hans folk var instängda. Jinsook Hon hade alltid varit på söndagsmötena på kvällarna och gav alltid sitt tionde. När vi helgar sabbatsdagen ordentligt och ger rätt tionde, beskyddar Gud oss från olyckor och sjukdomar.

Los Angeles 1995

Församlingen just innan uppbrottet

Innan missionskampanjen hölls mellan 27 och 29 april hade en serie med enade kampanjer från mer än 40 kyrkor i området hållits, och jag hade haft en kampanj i en presbyteriansk församling "H" där pastor "O" var organisationens ordförande. Innan jag reste till Los Angeles hade mina församlingsmedlemmar försett mig med lite pengar som skulle användas för den här missionsresan. Innan jag reste sa jag till några av våra församlingsarbetare, "Gud gav mig en stor summa pengar i missionsoffer den här gången och jag tror att det kommer att vara nödvändigt av olika anledningar." Den tidigare nämnda presbyterianska församlingen där jag hade kampanjen under tre dagar var en liten församling. Pastorn, som var en bra bit över 60 år, arbetade hårt utan att någon hjälpte honom. Det var ett litet möte där omkring 100 personer samlades under tre

Uttalar den prästerliga välsignelsen i Los Angeles Stadshus

Mottar hedersmedborgarskap av Los Angeles

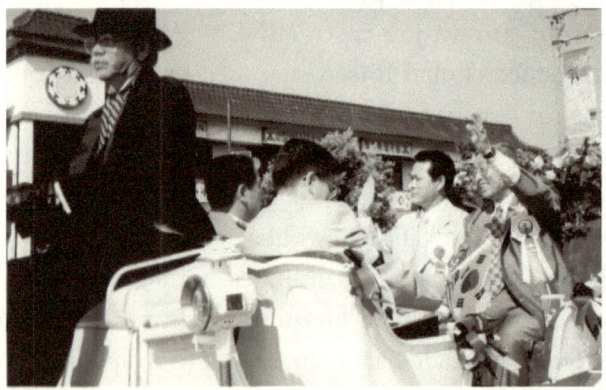

På paraden på Los Angeles koranska dag "Korean Day"

dagar, men ändå gjorde jag mitt bästa för att predika. Många pastorer som ledde större församlingar sa att de ville ha mig som talare, och de bad om ursäkt för att de hade gått miste om tillfället. Jag tror att det var för att Gud ville att jag skulle ha kampanjen i just den kyrkan under tre dagar.

På det sista mötet den 29 april, bad församlingens pastor för församlingen och han grät under bönen och sa, "Gud, lös våra ekonomiska problem annars kommer denna församling att bli överlämnad till världen." Jag hade redan gått igenom många obekväma situationer som talare på den tiden, men när jag hörde den bönen, blev mitt hjärta ångestfyllt. Gud rörde vid mitt hjärta just då.

"Hjälp den här församlingen. Är inte det där stora missionsoffret för ett tillfälle som detta? Hjälp den här församlingen."

När jag hörde rösten, sa jag i budskapet, "Jag vet inte hur stor skuld den här församlingen har, men Guds församling ska inte lida i världens händer. Jag vill ge en liten hjälp, så låt oss alla, alla medlemmar, delta tillsammans," och utlovade 20,000 dollar (140,000 kronor) som offer.

Jag kunde förstå att Gud sänt mig till den församlingen för att jag kunde tåla och hantera obekväma situationer. Jag ville inte bli betjänad som en talare, men mitt hjärta var fyllt av en längtan att hjälpa pastorn, och ge honom tröst i sitt hjärta. Jag försökte göra mitt bästa så att pastorn inte skulle känna sig obekväm och att hans tid inte skulle förspillas på grund av mig. Under kampanjen ledde ett lovsångsteam från min församling lovsången. De försökte också ge så mycket nåd och fullhet av den Helige Ande till medlemmarna.

Följande dag, söndagen den 30 april, kom pastorn till mig, svullen i ansiktet och sa, "Pastor, ända tills igår har medlemmar från andra församlingar som känner till dig kommit till dessa möten, men idag är jag säker på att alla våra medlemmar har lämnat oss. Du behöver inte ens gå till kyrkan för att se det." Jag blev överraskad över det han sa och frågade vad som hade hänt. Han sa att den assisterande pastorn i församlingen hade misslyckats på sitt ordineringsprov för att bli pastor och hade klagomål mot denna pastor. Han hade sagt upp sig från församlingen och det fanns också äldstebröder som satte sig upp emot denna pastor och de var också splittrade. Hela församlingen var i kaos. Vidare hade församlingen också ekonomiska problem på grund av skulder, och församlingsmedlemmarna hade förlorat all överlevnadsinstinkt.

Men när jag gick tillbaka till kyrkan fann vi att medlemmarna inte alls hade lämnat församlingen utan tvärtom, kyrkan var helt fullsatt. Det satt till och med folk på stolarna som var reserverade för kören och deras ansikten lyste. Gud visste hur situationen i denna församling var och räddade den. Han sände mig dit för att predika Guds ord och hjälpa pastorn ekonomiskt.

'95 LA Mission Campaign

Den 30 april 1995 hölls en världsmissionkampanj i Los Angeles i Convention Center arrangerat av "World Evangelization Committee and Korea-America Christian Spirituality Movement Committee", och jag var inbjuden som huvudtalare. Kampanjen blev mycket lyckad genom Guds nåd. Några dagar senare läste jag följande i den kristna tidningen *the American Christian Newspaper*,

Inbjuden som hedersordföranden av den 22:a "LA Korean Day" och deltar i Kulturcentret

"Den 30 april samlades ungefär 50 väckelsepredikanter och mer än 8,000 troende för att ha ett väckelsemöte för att förena många raser. Huvudtalaren Rev. Jaerock Lee, predikade ett budskap med titeln "Låt oss vara ett", och uppmanade mötesdeltagarna med följande ord, "Vi är alla bröder i samma tro, oavsett vilket område, ras eller kultur vi kommer från, och med denna enade tron, låt oss lägga grunden för världsevangelisation." Ljudet från folksamlingens rop hördes över hela hallen. De ropade ut mottot för kampanjen, "Predika evangelium till jordens ändar; gör den här staden till änglarnas stad; segern är vår!""

Jag medverkade också på en bönefrukost där ungefär 300 ledare från Los Angeles storstadsområde deltog. De uppskattade uppträdandena från vår församlings lovsångsteam och dansteam, och några av dem blev berörda till tårar av deras uppträdande.

Koreas festivaldag

I september 1995, medverkade jag som hedersstyrelsemedlem i den 22:a koreanska festivaldagen i Los Angeles koreanska stadsdel. Jag bad representationsbönen för de församlade för ett monument som sattes upp och jag ledde också inledningsbönen på evenemanget "Korean Night." Jag deltog även i höjdpunkterna på hela festivalen, Festivalparaden, med blomsterdekorerade flottar. Det fanns fyra platser på en speciell flotte och det var för varje speciell gäst. Jag kände mig inte bekväm över att synas inför så många människor, ändå visste jag i mitt hjärta vem Gud hade gjort mig till, och jag hade fått en av platserna på denna flotte. Andra flytmedel och flottar följde efter denna flotte i paraden.

Det var några störningsmoment och motstånd som var tänkt att hindra mig från att medverka på detta evenemang som hedersstyrelsemedlem. En koreansk organisation i Los Angeles "The Los Angeles Koreans' Association" hade ett möte om detta och lämnade in en protest mot störningsmomenten och sa att om man fann att någon spred falska rykten om mig, hedersstyrelsemedlemmen, skulle de ta till juridiska åtgärder mot dessa människor. Satans verk revs ner genom de människor som Gud hade förberett på ett oväntat sätt.

Författaren:
Dr. Jaerock Lee

Dr. Jaerock Lee föddes 1943 i Muan, Jeonnamprovinsen, Republiken Korea. I tjugoåren led Dr. Lee av olika slags obotliga sjukdomar under sju år och inväntade döden utan hopp om tillfrisknande. En dag våren 1974 leddes han emellertid till en kyrka av hans syster och när han böjde knä för att be botade den levande Guden honom omedelbart från alla hans sjukdomar.

Från den stund då Dr. Lee mötte den levande Guden genom denna underbara upplevelse har han uppriktigt älskat Gud av hela sitt hjärta och 1978 fick han kallelsen av Gud att bli Hans tjänare. Han bad ivrigt och innerligt så att han skulle komma att förstå Guds vilja och helt och fullt kunna utföra den och lyda alla Guds Ord. År 1982 grundade han Manmin Centralkyrkan i Seoul, Korea och ett oräkneligt antal Guds verk, inklusive mirakulösa helanden och underverk har skett i hans församling.

År 1986 blev Dr. Lee ordinerad som pastor vid "Annual Assembly of Jesus' Sungkyul Church of Korea", och 1990, fyra år senare, började hans predikningar sändas över radio och TV i Australien, Ryssland, Filippinerna och många andra länder genom Far East Broadcasting Company, Asia Broadcast Station, och Washington Christian Radio System.

Tre år senare, 1993, valdes Manmin Centralkyrkan till en av de 50 främsta församlingarna i världen av amerikanska tidskriften *Christian World* och han mottog ett hedersdoktorat i teologi vid universitetet Christian Faith College, Florida, USA, och 1996 mottog han en Fil. Dr i pastorsämbete från Kingsway Theological Seminary, Iowa, USA.

Sedan 1993 har Dr. Lee haft en ledande roll i världsmissionen genom många internationella kampanjer i Los Angeles, Baltimore och New York i USA, Tanzania, Argentina, Uganda, Japan, Pakistan, Kenya, Filippinerna,

Honduras, Indien, Ryssland, Tyskland Peru, Demokratiska Republiken Kongo, och Israel. År 2002 blev han på grund av sitt arbete med internationella kampanjer kallad "global pastor" av stora kristna tidningar i Korea.

Per september 2010 är Manmin Centralkyrkan en församling med mer än 100,000 medlemmar. Det finns 9,000 inrikes och utrikes församlingsutposter över hela jorden, och hittills har mer än 132 missionärer sänts ut till 23 länder, inklusive USA, Ryssland, Tyskland, Kanada, Japan, Kina, Frankrike, Indien, Kenya och många, många fler.

Fram till datumet för denna publikationen har Dr. Lee skrivit 63 böcker, inklusive bästsäljare som *En Smak av Evigt Liv Före Döden, Mitt Liv Min Tro I & II, Budskapet om Korset, Måttet av Tro, Himlen I & II, Helvetet* och *Guds Kraft*. Hans verkar har översatts till mer än 67 språk.

Hans kristna krönikor finns i tidningarna *The Hankook Ilbo, The JoongAng Daily, The Dong-A Ilbo, The Munhwa Ilbo, The Seoul Shinmun, The Kyunghyang Shinmun, The Hankyoreh Shinmun, The Korea Economic Daily, The Korea Herald, The Shisa New* och *The Christian Press*.

Dr. Lee är för närvarande grundare och ledare för ett antal missionsorganisationer och sammanslutningar såsom ordförande i The United Holiness Church of Jesus Christ; President för Manmin World Mission; Permanent President för The World Christianity Revival Mission Association; Grundare av, Manmin TV; Grundare & Styrelseordförande av Global Christian Network (GCN); Grundare Styrelseordförande för World Christian Doctors Network (WCDN); och Grundare & Styrelseordförande för Manmin International Seminary (MIS).

Himlen I & II

En detaljerad bild över den härliga boendemiljön som de himmelska medborgarna njuter av och underbar beskrivning av de olika nivåerna i de himmelska herradömen

Budskapet om Korset

Ett kraftfullt budskap som ger ett uppvaknande till människor som är andligt sovande! I denna bok finner du orsaken till att Jesus är den ende Frälsaren och Guds sanna kärlek.

Helvetet

Ett allvarligt budskap till hela mänskligheten från Gud som inte vill att en enda själ ska hamna i helvetets djup! Du kommer upptäcka sådant som aldrig tidigare uppenbarats om den grymma verkligheten i Nedre Hades och helvetet.

Måttet av Tro

Vilka slags himmelska boplatser , kronor och belöningar är förberedda för dig i himlen? Denna bok ger visdom och vägledning och hjälper dig att mäta din tro och kultivera den till att bli den bästa och mognaste tron.

Mitt Liv, Min Tro II

En rörande berättelse om sann tro för att övervinna alla slags prövningar och den Helige Andes brinnande gärningar uppvisade i kyrkan genom sann tro.

www.urimbooks.com

www.ingramcontent.com/pod-product-compliance
Lightning Source LLC
Chambersburg PA
CBHW030400130626
46549CB00004B/1568